自分を好きになる片づけの法則

阿部静子
整理収納アドバイザー
フリーアナウンサー

ぱる出版

はじめに

はじめまして。フリーアナウンサーで整理収納アドバイザーの阿部静子と申します。

私は片づけ講座や、お宅に伺う片づけサポートといった仕事で、片づけが苦手な方が楽しく片づけられるようお手伝いをしています。

これまで7000名様以上の方に指導させていただきましたが、多くの方が片づけられたことで自信がつき、「初めて自分を好きになりました」とおっしゃる方も少なくありません。

片づけには、そんなパワーがあるのです。

さて、ちょっとここで私の話をさせていただきます。住まいは仙台で、夫・大学生の娘の3人家族です。

今でこそ片づけの指導をしていますが、**私自身、以前はとても片づけが苦手でした。**

フリーアナウンサーである私のクローゼットは、仕事柄もあり、服がぎゅうぎゅうに溢れかえっていました。いつも「あの服はどこ？」「ないない！」と探してイライラ。たんすもグチャグチャ。そのたびに自分のだらしなさにがっかりしていました。

そんな自分を変えたいと一念発起したのが13年前。整理収納アドバイザー2級の資格を取得し、片づけの基本的な考え方を学びました。すると、だんだんと家が片づいていったのです。

片づけられるようになると面白い！毎日あちこち片づけてワクワクうきうきする日々になりました。もう片づけられない自分に落ち込むことはありません。むしろ、素敵に片づけることができる自分に自信がつきハッピーに。片づけのすごさを感じました。

その後、49歳の時に体調を崩しフリーアナウンサーの仕事を休養せざるを得なくなった時に、今だからできることにトライしようと、片づけのプロ資格である整理収納アドバイザー1級を取得しました。

フリーアナウンサーとして長年「伝える」仕事をしてきた私は、片づけの持つ力をできるだけ多くの方に届けるのが使命のように感じ、すぐに片づけ講座を開きました。
すると受講生は、どんどん片づけられるように。さらに前向きになり、「初めて自分を好きになりました」「自信がつきました」と言って下さるのです。
この出来事が、私に**片づけで自分を好きになることができると教えてくれた**のです。

講座を受講する方々は、「何から片づけていいかわからない」という片づけ自体のお悩みもあれば、以前の私のように、「片づけられない自分はだらしがない」「探し物をしてイライラすることが多い」といったお悩みを抱えています。

ですが、私から言わせていただくと皆さん**「片づけの法則」を知らないだけ**なのです。
本書では私が、受講生の皆様からいただく相談を通して気づいた、誰でも使える片づけのパターンのことを「片づけの法則」と呼んでいます。

この**片づけの法則で重要視しているポイントは、「カンタンにできること」**です。

カンタンでなければやる気が起きませんし、実際に片づけられなければ、変化は起きないからです。

私の講座を受けた受講生は、「そんなにカンタンなことでいいんですか？」と言いますが、それで大丈夫。

私自身、もともと片づけが苦手だったので、面倒な片づけは今でもやる気が起きません。そんな私だからこそお伝えできるのが、「ラクにできる片づけの法則」なのです。

悩みを抱えて講座に来た方々は、最初は困り顔で話をしたり、暗い表情だったりします。でも、1回講座を受けただけで、表情が明るくなり、活き活きとしたお顔で教室を後にします。カンタンだからこそ、「教えてもらったことなら私でもできそう！」という感想も多数いただいています。

「自分でもできそう！」と思えれば、「片づけられないのは自分がだらしないせいではなかったんだ」とほっとできるでしょう。

今まで「やり方を知らないだけ」だったと気づくことができれば、**「自分はだらしがない」という思い込みの呪縛から解放される**でしょう。

そして、**実際に片づけることができると「自分にもできた！」と自信が生まれます。**ワクワクうきうきして、また次も片づけたいと思うようになります。「できそうなところから片づけ自信をつけていく」、それを繰り返していくだけです。

自信が持てるようになると、片づけ以外のことにもどんどん前向きになり、趣味や資格取得など新しいことを始めたりする人もたくさんいらっしゃいます。片づけが自分の人生を変えるきっかけにもなり得るのです。

「片づけられたら、初めて自分のことが好きになれた」とおっしゃる方も少なくありません。ものへの執着がなくなったら人間関係も良くなった方もいます。

部屋が整えば、気持ちに余裕が生まれ家族にも優しくなり、これまでのイライラがワクワクうきうきに変わります。

今、本を手に取って下さっている方は「自分を変えたい」と思っているかもしれません。**「自分にもできた！」と感じることが、自信につながり、自分を好きになる近道**です。

もしかしたら皆さんは、「本当かな?」と思われたかもしれません。

そう思って当然です。私自身も片づけで変化しましたが、受講生はそれ以上の変化を遂げています。

片づけには「人を変える」パワーがあることを、改めて受講生から教えられたのです。

ここまで読んで、「片づけに特に興味がない」という方もいらっしゃるかもしれませんね。もしそう思う方でも、こう聞かれたとしたらいかがでしょうか?


あなたのお宅はものが多い方でしょうか?

ものを捨てるのが苦手ですか?

いつか着るかも…と思っている服がありませんか?

テーブルに紙類が積み上がっていませんか?


もし、ひとつでも当てはまったら、一緒にトライしてみましょう。

ワクワクウうきうき片づけているうちにあなたの人生は変わるはずです。

片づけは「自分にもできた！」と感じる手段です。

片づけて自分を好きになりましょう。

自分に自信を持ちましょう。

これからの人生をもっと楽しみましょう。

これまで７０００人以上を指導してきた経験から、誰でも片づく、自分を好きになる片づけをお伝えします。

自分に自信がついて、部屋もすっきりした！　なんて一石二鳥だと思いませんか。

さあ、私と一緒にワクワクうきうきしながら始めましょう。

阿部静子

第2章

「ラクにできる片づけ」でまずはどんどん片づけよう

第3章

「玄関の片づけ」の法則

第4章

「クローゼットの片づけ」の法則

第5章

「キッチンの片づけ」の法則 109

第6章

「リビングの片づけ」の法則 145

第7章

「洗面所の片づけ」の法則

第8章 「趣味のものの片づけ」の法則

第1章

片づけに向き合うマインドを変える

あなたの「片づけられない！」はどこから？

さて、序章でお伝えしましたが、片づけは自分を好きになるための手段です。そのためには片づけの法則を知ることが重要です。

この章では、**そもそも片づけが苦手だ！という後ろ向きな気持ちを前向きにさせる法則**を紹介します。

私が7000名の片づけの悩みを解決する中で、「片づけられない！」と感じている人は、大きく3つのパターンに分けられます。

①片づけに前向きになれないパターン　②捨てられないパターン　③繰り返すパターンです。それぞれ法則は分かれていますが、複数当てはまるものもあると思いますから、自分に使えそうなものを探すつもりで読んでみてください。

①片づけに前向きになれないパターン

そもそも、片づけに前向きになれないパターンの人は多くいらっしゃいます。時間がなくて片づけを後回しにしたり、片づけでイライラしたりする人にピッタリな法則を紹介します。

法則1 片づけて、どんな暮らしがしたいか？を考える

「片づける時間もないし、やる気も出ません。」

この質問は、忙しい人からよくいただきます。

そんな方は、最初に**「片づけてどんな暮らしがしたいか」を思い描いてみましょう。**片づけたら何をしたいか、目標を決めるとやる気になります。

「休日に片づけで1日を終えない暮らしにして、自分の時間を作りたい」

「お掃除ロボットを使える部屋にしたい」

「趣味のフラワーアレンジが映える部屋にしたい」

「今日、うちに寄って行かない?と友人を気軽に誘える家にしたい」

「片づいたらダイエットをして素敵な自分になりたい」


切実な願いでも、なりたい自分の姿でも、どちらでも構いません。

目標を明確に持ち、そしてその姿にワクワクすることが大事です。

法則2 カンタンなところから手をつける

「片づけられない自分に嫌気がさしています。いつも片づけなきゃとストレスです。」

もう何年も「片づけなきゃ」と思い続けて、でも、散らかった部屋を見渡すとどこから片づけていいかわからない、常に頭から片づけが離れないのはとてもストレスですよね。当然ながら片づけが嫌いになっていて、苦手意識が生まれています。そうなると片づけに前向きになれません。

私自身も、新しいことをはじめたくても、「まずは片づけをしなくては。やりたいことはその後」と思ってしまい、いつまでもやりたいことが始められない状況にいた一人です。

この質問に対する答えは一つです。**カンタンなところから片づけ始めましょう。**

例えば、化粧ポーチに入れっぱなしの使っていない化粧品、薬箱の中の使用期限が切れた薬など、本当にちょっとしたもので大丈夫。これならすぐにできそうではありませんか？

何か一つを捨てて、一歩を踏み出すことがとても大事です。「自分にもできた!」と思えることで、一気に片づけを前向きに考えられるようになります。

1日5分の片づけからはじめてみましょう。やる気になったら10分、30分と延ばしてみるのもOKです。片づいた引き出しを開けてニッコリするようになれば、「今度はどこを片づけようかな」と、ワクワクするはずです。

法則3 ものの住所を決める

「朝から探し物が多く、1日がイライラから始まるのが憂鬱です。」

朝の忙しい時間に、「あれがない」「どこに行った?」と探し物から1日が始まるとイライラしますよね。朝に限らず、探し物が見つからなくて困ることは誰にでも当てはまると思います。

これに対応する法則は、**ものの住所を決めておくこと**です。

家中のものの住所を決めるのは大変ですから、**いつもよく使うものだけ**決めればOK。特に出掛ける時に使うものの住所を決めておくと、バタバタすることも減るでしょう。どこを定位置にすればいいかは、この後の章でそれぞれに合った場所をご紹介します。これで朝の忙しい時間の「あれがない」「これがない」がなくなるでしょう。

法則4 自分の片づけに集中する

「家族は誰も片づけません。私だけが片づけることに納得がいきません。」

その気持ち、わかります。でも、こう思う人こそまずは**自分の片づけに集中しましょう**。それが解決への近道です。

誰も片づけてくれない、と思うといやいやながら片づけをして「何で私だけが」と感じて辛いもの。少しでも期待をするとがっかりしますから、誰もあてにせず、自分のものの片づけに集中しましょう。
一見、冷たく聞こえるかもしれませんが、気持ちがラクになり、結果として楽しく片づけができるようになります。

すると**家族に連鎖反応が起きる**ようになります。
私の受講生の多くも、自分の片づけに集中することで面白いくらい成果が出ています。
自分が楽しく片づけることで見本を見せる形になっているのです。

②捨てられないパターン

片づけられない人の中には「ものが捨てられなくて片づけられない」とお悩みの方もいらっしゃいます。

ただ実際、捨てること抜きに進めるのは難しく、捨てることを飛ばしてしまうとうまくいかないのです。ここでは、捨てるのが苦手な方に向けて、捨てるマインドになるための法則を紹介します。

法則5 全部捨てなくて大丈夫

「何を捨てていいかわかりません。なんでもかんでも捨てないといけないのでしょうか？」

まず大前提としてお伝えしたいことがあります。**全部捨てなくて大丈夫**です。

大事なものは誰にもあります。思い入れのあるもの、大切なものは残していいのです。

片づけられない人ほど、世の中の捨てる片づけ法を読んで、なんでもかんでも捨てなくてはいけないのでは?と心配する人が多いのですが、片づけは**「捨てる」「残す」メリハリが大事**です。ご安心くださいね。

法則6 捨てるために、考え方を切り替える

「ものを捨てることに罪悪感があり、なかなか捨てられません」

このように捨てることに罪悪感を持ってしまう方は、次の3つに当てはまるものがあるかをチェックしてみてください。

- ものを探すことが多い
- 何を持っているか把握できていない
- 「使っていないもの」がたくさんある

もし1つでも当てはまったら、ものが多すぎて管理ができていない状況です。

「いつか使うかもしれないから捨てられない」と思う人は、**ものを大事に使うために、ものを手放す**と頭を切り替えてみてください。

ものも、押し入れの奥に押し込まれているより使われた方が断然嬉しいはず。ものは使われて初めて輝くのです。ものが多いより少ない方が、持っているものを大事にできるのです。

他にも、「小さい頃から親に、捨てるのはもったいない、と言われて育ち、捨てることにとても罪悪感を持っています」という方もいらっしゃいます。

そんな時は、**リサイクルできることはないかと考えてみましょう**。リサイクルであれば、人の役に立ちます。心が軽くなり、捨てられるようになるはずです。

法則 7　捨てるものは「自分のもの」だけ

ここで一つ、とても大事なことをお伝えします。

捨てるものは自分のものだけです。

よく、「家族に、ものを捨ててもらいたいのですが、どうしたらいいですか」というご相談をいただきます。服や漫画、趣味のものなど、ジャンルは様々です。ですが、他人のものは絶対に捨ててはいけません。

他人のものは思い入れがないため不要に見えやすく捨ててほしい気持ちになってしまうのです。

でも、それがどのくらい大切なのかは持ち主にしかわかりません。逆の立場なら嫌なはず。**人のものは捨てないことが鉄則**です。

私自身も以前は夫がたくさん持っている服が気になっていました。でも自分のものの片づけに集中したところ、気にならなくなりました。さらに夫も片づけてくれるようになったのです。これは私だけではなく多くの受講生からも報告を受けています。やはり片づけは良い連鎖反応があるのです。

法則8 思い入れのないものから片づける

「捨てて後悔したことがあるので、捨てられません。」

実際に捨てて後悔したことがあると、捨てることを断固として拒否したくなります。捨てて後悔したことがあるという方は大抵、うっかり大事なものを捨ててしまった方です。

そんな後悔をしないためには、思い入れのあるものは後回しにしましょう。

思い入れのあるものから片づけ始めると、捨てることに慣れていないため、判断を誤ってしまうことが多いのです。

片づけは思い入れのないものから。これを必ず覚えてください。捨てても何ら問題のないものから始めましょう。

例えば、ペン立ての中の書けなくなったペン、いつ貰ったかわからない化粧品サンプル、襟や袖が伸びてしまったシャツなどはカンタンです。「使えないもの」「使うと悪いことになる可能性があるもの」を捨てましょう。

ものを手放して捨てグセが身につき、捨て体質になると、自然と「思い入れのあるものに取り掛かろう」、「手放してもいいかな」という気持ちになってきます。多くの受講生がまさしくそうです。

思い入れのあるものは後回しという順番を間違えなければ、捨てて後悔することはありません。

この方法で片づけた受講生は、長年「捨てたら後悔するんじゃないか」と思っていたものでさえ、捨てた後、「後悔もなければ思い出すこともない」「何一つ後悔したものはない」と清々しく言い切ります。

ここまで聞いてまだ心配な方へ、私自身のことをお伝えします。これまで、使うものをうっかり捨ててしまったことがあります。でもそれは文具などまた買えるものでしたので、後悔したことはありません。

もし私が今後、残しておけばよかったものを捨ててしまったとしても、多分、「まあ、いいいか」と思うでしょう。今のすっきり暮らしを手に入れたハッピーを実感しているので、後悔はないと思います。

でもこうならないために、思い入れのあるものは最後に片づけることが大事です。

③繰り返すパターン

片づけたのに、気づいたらぐちゃぐちゃ…ということもよくあります。せっかく片づけた努力も無駄に感じてしまいますよね。

でも、繰り返してしまう人は、実は**やったつもりになっている**ことが多いのです。疑問に思うと思いますので、実際の質問をみながら、その問題点を分析して説明します。

法則 9　不要なものは捨ててから収納する

「片づけてもすぐに元に戻ってしまいます」

原因は使いにくく収めてしまっているなど、いくつか考えられるのですが、その元凶は**ものが多い場合がほとんど**です。

こういう人の片づけを見せてもらうと、ものの置き場所を右から左に移動させているだけのことがよくあります。

これを解決するために覚えてほしいのが、**不要なものを捨ててから収納する**こと。実はこの手順に気づいていない方が多いのです。

繰り返さないように、片づけの順番を覚えて、上手にものを収納していきましょう。元に戻らないような収納の仕組みづくりは、各章でお伝えします。

法則10 ものと向き合う

「数年おきに一気に捨ててすっきりしますが、またいつの間にかものが増えています。」

家の中に山のようにあるものを見て面倒に感じて「え〜い！」と、何も考えず一気にものを捨てると、一時的にはすっきりしますが、長続きしません。

実は何の改善にもなっていないので、繰り返して終わりが来ないのです。

繰り返してしまうのは、捨てたものと向き合っていないから。

ものを手放す時、一つひとつものを手に取り、要・不要をチェックすることが大事です。「何個も同じものがあった！」「これはもう使わない」「流行遅れだから着ない」など、**不要な理由がわかることで、捨てる力が身につきます**し、買い物をしすぎないなど気をつけるようになります。

ものと向き合えば気づくことができますが、一気に捨てれば、その思考にはたどり着くことができません。**捨てる前にはいつも、ものと向き合う**癖をつけましょう。

法則 11 「何がストレスか？」の原因を突き止める

「ものを買うのがストレス発散なので、増える一方です。」

買い物がストレス発散になっている方は、**何がストレスになっているか原因を考えてみましょう。**片づけ講座の受講生は、「部屋が片づいたらストレスを感じなくなった！」だから、「買い物でストレスを発散することがなくなった」と言います。

部屋が散らかっていることがストレスの原因だったのかもしれませんし、部屋を整えたら癒しの空間となりストレスが軽減されたのかもしれません。

いずれにせよ、一度片づけることで、ものがたくさんあることに気づき、「買いものでストレス発散」をしないように注意することが近道です。

そうでないとずっと繰り返してしまいます。

第1章では、片づけられない3つのパターンをご紹介しました。

まず、**片づけに向き合うマインドから変えるだけでも気づきがあり、自分を好きになるきっかけにもなります。**まず、気づきを得た自分を褒めてくださいね。

第2章

「ラクにできる片づけ」でまずはどんどん片づけよう

その片づけ、自分でできますか？

皆さんは、「自分でできる片づけ」について考えたことがありますか？

実は、私自身の経験も含めてですが、**「憧れの片づけ」と「できる片づけ」は少々違う**と感じています。

多くの受講生の悩みを聞く中で、「憧れの片づけ」をしてしまい、うまくいかない場合が多いことに気がつきました。私も元々片づけが苦手でしたが、今思えば、当時頑張っていた片づけの方法は、自分には難しい「憧れの片づけ」だったのだと思います。

以前は、収納と言えば本や雑誌の特集でしか目にしなかったのが、インスタグラムやＹｏｕＴｕｂｅで、美しく並んでいる収納を見る機会が多くなりました。流行りの言葉で言えば、「映える」収納ですね。

しかし、**「SNSで見た収納をマネしてもうまくいかない」**という、今どきならではのお悩みご質問をいただくことがとてもたくさんあります。

片づけが苦手だった頃の私も、収納の本で見た、白いケースに整然と収まった美しい収納に憧れていました。でも同じようなケースを買って収めてみても何だか違う、うまくいかない、どうして?と思っていました。

ここで、1つ質問です。次の中であなた自身に当てはまると思うものはありますか?

- 片づけが苦手
- 面倒くさがり
- どうやって片づけていいかわからない
- そもそもものが多い
- 床にものが置いてある
- インスタ、YouTubeを見てもうまくいかない

この中で1つでも当てはまったら、「映える片づけ」より、見栄えが少し劣ってもカンタンな「ラクにできる片づけ」をおすすめします。

この章でご紹介するラクにできる片づけは、どの場所でも活用できる、基本的な考え方です。ぜひ、普段の片づけの中で意識してみてください。

法則1 「ラクにできる片づけ」を選ぶ！

「インスタやYouTubeをマネしても片づきません。」

繰り返しになりますが、特に最近はインスタ、YouTubeの真似をしてもうまくいかずに、自信を失っている方がいらっしゃいます。多くの人が似たような美しい収納方法を発信していますので、誰でもできそうに感じますよね。

でも実は、よく見る、**きっちり、ぴったり、整然と収まっている収納は高度な技術がいる方法**で、片づけ得意さん向けです。

だから片づけ苦手さんにはうまくいかないのです。

私は片づけのプロですが、面倒くさがりの私にも難しいと感じます。

「片づけが苦手」と感じている人は、整然と収まった「映える」収納を目指すのではなく、多少見栄えは劣ってもラクにできる片づけがおすすめです。**できるだけ面倒な部分をそぎ落とし**、「できた!」という実感を得やすくしましょう。

法則 2

よく使うものは蓋つきボックスを選ばない

蓋つきのボックス。きっちりぴったりの収納には欠かせないアイテムですよね。中身が見えないのでとてもすっきりと見えます。

一方で、蓋を開けるアクションが必要です。実は、この1回の手間は意外と面倒です。最初は良くても、だんだん面倒になって出しっ放しになってしまうのです。

自分は良くても家族が使いづらくて、結果として散らかることも多々あります。

これをラクにできる片づけにするには、蓋のないケースを選ぶことです。ポンポンと入れられるので出し入れしやすく、特によく使うものにはおすすめです。

さらに、ケースの中に入っているものがひと目でわかるので、取り出しやすく戻しやすくなります。使いやすさを優先して考えましょう。

蓋なしのボックスは見た目は劣るかもしれませんが、結果的に散らかりにくくなります。

蓋つきのボックスは、あまり使わないものを入れるのに使いましょう。

法則3　シンデレラフィットを目指さない

棚や引き出しにぴったり合うケースを入れて整える、いわゆるシンデレラフィット。隙間のない様は、見た目にも美しいですよね。

でも、これも片づけが苦手な人には向きません。

受講生の中に、収納品を購入する時、「ぴったり合うものを入れなくてはと思うと、面倒で後回しにしている」という人がいました。これでは永遠に片づきません。ＹｏｕＴｕｂｅなどの影響で、ぴったり合わせなくてはいけない、と思い込んでしまい、片づけに対して後ろ向きになってしまっています。

ラクにできる片づけの場合は、収納場所に入る大きさであれば、多少隙間ができてもいいと考えます。そう考えることで、心に余裕が生まれ、取り掛かりが早くなるはずです。

繰り返しになりますが、美しい収納は、片づけ得意さん向けです。

私自身も、収納の本を見て整然とした収納に惹かれ、あれこれケースを買ったはいいものの、サイズが合わずにケースが放置されたままに…という経験があります。受講生の方も、同じように何度もケースを買っては失敗の繰り返しをしていることが多いです。

ＹｏｕＴｕｂｅやインスタを見てもうまくいかない、と思ったらあなたにはラクにできない方法なのかもしれません。それだといつまでも片づかず、気持ちも晴れません。

ラクにできる片づけをマスターしたら、憧れのインスタやＹｏｕＴｕｂｅの「映える収納」を目指すのもいいでしょう。

まずはラクにできる片づけですっきりさせ、片づけられる自分に出会ってハッピーになりましょう。

法則4 片づけの基本は分けること

「パッと見はきれいだが、実は押し込んだだけで使いにくい。1つのものにいろいろ入っていて取り出しにくい。」

ケースの中にものを収めて、ぱっと見きれいだけれど、何だか使いにくいと感じることはありませんか？ 1つのケースにいろいろな種類のものが収められてしまうと、取り出しにくくなってしまい、結果的に散らかります。

片づけで大事なのは、「分ける」こと。

まず、「いる？ いらない？」を分けます。この後も何度も出てくる**要・不要の視点**です。いらないものは捨てましょう。なお、捨てる時は各自治体のルールに従うようにしてください。

次に、種類別に分けたり、人別に分けたり、季節で分けたり、使う頻度でグループに分けます。「分ける」ことで、取り出しやすくもしまいやすくもなるのです。

実際にしまう時は**「高さ」を意識**しましょう。
よく使うものは中段（大体、目の高さから腰の位置）、その次に使うものや重いものは下段、あまり使わないものや季節のもので、軽めのものは上段へ、と高さを意識するだけでグンと使いやすくなります。
さらに**「手前と奥」も意識**します。手前によく使うもの、奥にたまに使うもの、のように使う頻度で分けると取り出しやすくなります。
よくやりがちなのは、たまたま空いている棚を定位置にしてしまうこと。考えられていない置き場では、うまくいかないのでＮＧです。

基本的には、「不要なものを手放してから収納」ですが、どうしてもものを捨てたくない場合はムリに捨てずに、種類や高さで「分ける」ことを意識して収納していきましょう。

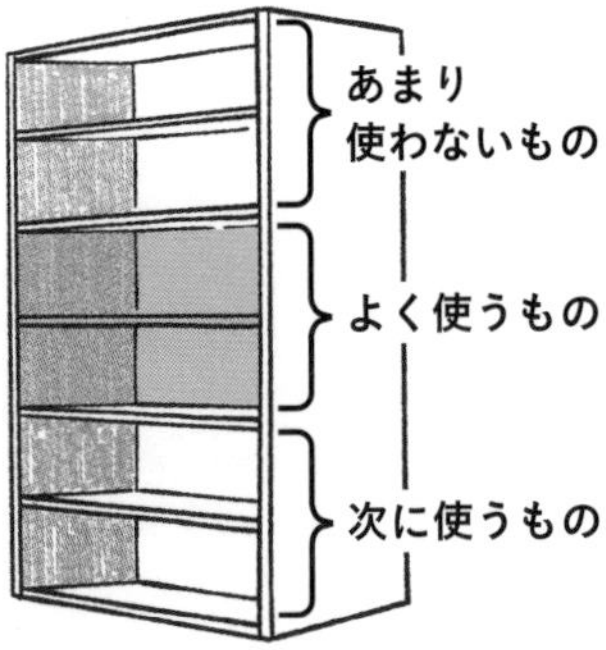

法則5

収納用品は具体的に用途が思い浮かぶものだけ

「収納用品の選び方がわからず、買ってもムダになる。」

テレビやSNSで、片づけ上手な方が紹介している収納用品は、便利そうに見えて、ついつい買ってしまいますよね。

でも**片づけるために最初に気をつけるべきは「収納品を買わない」**こと。買う前にまず、家に収納品がないかチェックして、あればそれを使います。大抵いくつかケースがあるものです。家にあるものでは足りない時に買い足すようにしましょう。

そして収納品を買う時は、「○○に使う」など、具体的な用途が思い浮かぶものだけ購入します。「何かに使えそう」という理由で買っても持て余すだけなのです。

「YouTubeでいいと言っていた100均のケース」「インスタで紹介されていた収納品」に飛びついてしまうと、結果としてケースばかりが家の中にたくさんある状況に。

片づかずに逆にものが増えてしまいます。

片づけで大事なのは、不要なものを手放してから収納という手順です。収納にばかり目が行き、この手順を知らないままでは片づきません。

ものが多いと収納は大変ですが、少なければ収納に大きなテクニックは必要ありません。そのためにも、収納も不要なものは買わない癖を身につけましょう。

法則6 収納場所も必要な分だけ

「家の中の収納場所はたくさんあったほうがいい？」

よく「1部屋を収納部屋にしているので置くスペースはある」という話を聞きます。

実は、置ける場所があると、どんどんものが増えていく人が多いです。

少なすぎるのも困りますが、たくさんあるとそれに合わせてどんどんものを増やしてしまうもの。収納が多いことは一見して良さそうですが、結果的にものを増やしてしまいがちです。

逆に家が狭く、収納場所が少ないとお困りの方も考え方は一緒です。諦めなくて大丈夫。大事なのは**「不要なものを手放すこと」「ものを増やさないこと」「ラクにできる片づけ」**です。

法則7 うまくいく順番に沿って片づける

片づけには、片づける順番も大切です。

私の講座では、**玄関→クローゼット→キッチン→リビング→洗面所→趣味のもの**の順番に片づけるようにお伝えしています。

これにもきちんと理由があります。

まず、家の顔でもある玄関は、狭くてものの種類も限られているので片づけやすく、スタートにぴったり。「できた！」という達成感で、片づけに弾みがつきます。

お次は気になる人が一番多いクローゼット。早めに取り掛かって、ウキウキ服選びができるようにしましょう。

今度は1日に何度も立つキッチンへ。料理の時短になる効果を感じればどんどん片づけたくなるはず。

続いてリビングへ。ものの量が多くなりますが、だいぶ片づけに慣れてきています。引き出しがすっきりすれば何度も開けたくなるはず。そうなればしめたもの。くつろげるリビングを目指します。

次は洗面所。ここは休憩ポイントです。ラクに進めて最後の難関へ備えます。

そしていよいよ、趣味のものです。

本書でも、この順番に沿って片づけの法則をお伝えしていきますので、楽しみにしていてください。

ちなみに、途中の順番は気分によって変えても大丈夫です。でも「思い出のものは最後」。これだけは間違えずに行ってください。

一つずつ片づく度に、ワクワクすると同時に、自分に自信が持てるようになり、どんどん自分が好きになるはずです。

第3章

「玄関の片づけ」の法則

玄関はあなたを迎え入れてくれる場所

玄関は家の顔です。

玄関を開けた時に、ほっとするというのは、小さなことに思うかもしれませんが、「自分を好きになる」にはとても大切なことです。

帰ってきて一番初めに目にするので、逆に散らかっていると、「玄関の扉を開けた瞬間入りたくなくなる」と言う受講生がたくさんいます。

疲れて帰ってきたり、外で嫌なことがあったりした時も、すっきりした玄関が「お帰りなさい」と迎えてくれたら安心でき、自己肯定感も上がります。

来客も初めて目にするところ。ご近所さん、宅配便の方などもそうです。実際に、ご近所さんに玄関を褒められてやる気スイッチが入った受講生もいます。

第3章

「玄関の片づけ」の法則

玄関は幸せが入ってくる扉。だから**どの場所より先に片づけます。**

それほど広くなく、ものの種類も限られているので、他の場所に比べて片づけやすい場所でもあります。玄関をすっきりさせて幸せを呼び込みましょう。

「玄関の片づけ」の基本法則

玄関は**玄関で使うもの、外出で使うものだけを置く**のが基本です。すっきり整えて幸せの扉にするだけでなく、地震の時に塞がれないよう安全面も考えて片づけましょう。

とはいえ、玄関は乱れやすい場所でもあります。出かける時慌ただしくて玄関にものが散乱したり、疲れて帰ってきて思わず荷物を玄関に置きっ放し、郵便物をポストから出し、玄関にバサッとそのまま置いてしまったりもしがちです。

そんな玄関にならないために、片づけの法則をみていきましょう。
玄関では、空間を「下駄箱」「たたき」「玄関の収納や廊下」の3つに分けて考えます。

法則1 捨てやすい傷んだ靴から手放そう

「靴が下駄箱に入りきらずたたきにもあふれています。」

靴が多すぎて下駄箱に入りきらず、たたきが靴でいっぱいなご家庭は多いもの。たたきにずらりと靴が並ぶと、とても散らかった印象を受けます。

それ以外にも、靴を避けて歩こうとしてケガの原因になることもあります。

たたきをすっきりさせるためには、不要な靴を手放して、靴を下駄箱に収めることです。

そして第1章でもお伝えしましたが、大前提、手放すのは自分の靴。人の靴ではなく、自分の靴をチェックしましょう。

では、どんな靴を手放せばいいでしょうか。

一番手放しやすいのは、**傷んだ靴**。

かかとがすり減っている、つま先が傷んでいる、ヒールに傷がついている、履き古しているなどの靴はありませんか？

そういう靴はワクワクしないはずですし、その靴を履いて外出したら気になって落ち着かないもの。そんな靴をまず処分します。もし修理して履くなら1ヶ月以内と期限を決めましょう。

また、数年履いていないスニーカーは、ゴムの部分が劣化してボロボロになっていることもありますので要チェック。私もブランドのスニーカーを履かないくせに長年取っておいた時、ゴムが劣化していた経験があります。

他にも「たくさん持っている」となりがちなのはサンダルです。毎シーズン、夏のウキウキ感もあり増やしがちです。サンダルは素足に履くので汚れやすく傷みやすいもの。傷みのあるサンダルは手放しましょう。

この方法で靴が何足か手放せたでしょうか。

靴は1足処分できただけで、下駄箱の1足分が空きますので達成感があるはず。

ベストな方法は、**下駄箱の中の靴を全部出して、履かない靴を仕分け**する方法です。

もしそれが面倒に感じたら、1足ずつ手に取ってチェックしていきましょう。


ご参考までに、私の持っている靴の数は5足です。

普段履くヒールのないパンプス、冠婚葬祭用のヒールのある黒いパンプス、おしゃれ用のパンプス、スニーカー、ブーツの5足です。夏にもう1足パンプスが加わりますが、夏の終わりに履き倒したパンプス1足を処分します。

以前は長靴を持っていましたが、何年も履いていないことに気づき手放しました。雨の日には防水スプレーをした普段履きの合皮のパンプスで間に合っています。

ちなみに娘は4足で少なめ。夫は10足です。人それぞれ価値観が違うので構わないと思っていましたが、私が靴を減らしてから夫も傷んだ靴を捨ててくれるようになりました。

このように**良い連鎖があるのが片づけ**です。

受講生からも「夫が靴を捨ててくれました！」「子どもも一緒に片づけてくれました」といった報告をよく聞きます。中には、奥様から片づけ講座の内容を聞いたご主人が先に靴を捨ててくれた、なんて話も。
特に下駄箱は、家族も目にするところなので、その効果は大きいようです。

法則2 3年履いていない靴は捨てる

「昔買ったおしゃれなパンプス。何年も履いてないですが捨てられません。」

傷んだ靴を手放せても、昔買ったおしゃれなパンプス、高かったブーツは捨てられない方も多いのではないでしょうか。私も以前はそうでした。
まず、昔買ったおしゃれなパンプスから考えてみましょう
その中で**3年以上履いていない**パンプスはありますか？

ヒールの高い靴などは、ライフスタイルが変わって履かなくなる方が多い靴です。何足かそんなパンプスがあったら、冠婚葬祭用に1足残して、他は手放すことも視野に入れましょう。

それ以外に、履くと痛くて履いていない靴はありませんか。

実は結構こういった例は多いのです。私が受講生に、「また履く機会がありそうですか?」と伺うと、これまで100%「痛いので履くことはありません」と答えてくださいます。

私も「我慢してまで履かない」と気づいてから手放すことができました。

「高かったブーツが捨てられません。」

ロングブーツや高級ブランドのブーツなどは、値段も張るため処分しにくいもの。でも、「傷んでいる」「服装に合わなくなった」など、結局履いていない人も多いのではないでしょうか。ちなみに私の場合は、「ロングブーツを履くのが面倒、サッと履けるショートブーツしか履かなくなった」という理由でした。

履かない理由はそれぞれですが、処分できないのは「高かったから」という理由は共通しています。

とはいえ、ブーツは場所をとられます。履かないブーツのために、**狭い玄関の貴重なスペースをとられてしまっている**のです。箱に入れて他の場所に置くという方もいますが場所をとられることに変わりありません。今シーズン出番がなければ手放しましょう。

箱つながりで言えば、「下駄箱の中に靴の箱が多くて、履きたい靴が見つかりません」という相談もよくありますが、箱に入っていると中の靴が見えないので、**靴は箱から出し**

て下駄箱に入れましょう。それに箱はかさばるので場所を取ってしまいます。

また、下駄箱にぎゅうぎゅうに靴が詰まっていると、においの原因にもなります。湿気も溜まりやすくカビの原因に。まさにいいことがないのです。

昔買ったおしゃれな靴、履くと痛い靴、高かったブーツは、3年履いていなかったら処分しましょう。1足でも手放せたら自分を褒めてくださいね。

法則3 下駄箱も収納は分ける

下駄箱の棚が空いたところで、そこに靴を収納する時のコツをお伝えします。

第1章でもお伝えしましたが、**玄関でも収納は「分ける」ことがポイント**。人別に分けて棚板ごとに収納します。

季節外の靴などを分けて上段の棚に、子どもの靴を下段に分けて置くと、いつも履く靴だけが使いやすい中段の高さに置けます。

ここで下駄箱がお掃除しやすくなるワンポイントアドバイス。

下駄箱の中の棚に、わが家ではシートを敷いています。下駄箱専用のシートも販売されていますが、食器棚に敷くシートの余ったものを敷きました。

それによって、掃除の時にシートにある土などの汚れを払えば済むのでとてもラクです。

法則4 たたきに置くものは家族の人数＋1

今度はたたきに置く靴の数についてお伝えします。


たたきに置く靴の数は、**家族の人数＋1足**にしましょう。

3人家族なら3足＋ゴミ出しサンダル1足という具合です。

繰り返しになりますが、たたきに靴がないだけですっきり見えますし、お掃除もしやすくなります。家族には、「1足出したら1足しまってね」と伝えましょう。

靴の他に、傘立ての傘もぎゅうぎゅうに入っていないか見てみましょう。

傘立ての傘は、たたきという目立つところに置くこともあり、目いっぱい入っているととても目につくものです。

こちらも**家族の人数＋来客用1本に**しましょう。

1本ずつ開いてみると、骨が曲がっていたり、錆びている、小さな穴が開いている、日焼けしているといった傘があるもの。それらは処分します。

「うっかり雨に降られたりして、ビニール傘は増えないですか?」と聞かれたことがありますが、私は軽量の折り畳み傘をいつもバッグに入れておくようになってから、新たに購入はしなくなりました。

折り畳み傘は、家族の人数分用意があればいいはずです。

玄関でも目立つ場所、たたきから靴と傘が減っただけでかなりすっきりすることでしょう。

法則
5

玄関には必要なものだけ厳選しておく

「コートを掛けるハンガーラック。目いっぱいで掛けられません。」

上着などを掛ける壁掛けフックやハンガーラックなど、何かしら上着掛けがあるお宅が多いかと思いますが、うまく機能していないことも。

よく見ると、もう過ぎた季節の上着が掛かっていたりします。そうすると本当に掛けたい服が追いやられ、リビングのソファや椅子の背もたれなどに置かれてしまいます。

玄関は、**今着る上着や、帽子などの小物だけ**に限定しましょう。

フックやハンガーラック以外にも、いろいろものを置きがちなところといえば、下駄箱の上のスペースです。ちょい置きにうってつけの場所なので、郵便物、殺虫剤、軟膏…などもついどんどん置いてしまいますよね。

このスペースには、玄関にあると便利なものを厳選して置けばすっきり。

鍵を置く場合は、そのままポンと置くよりトレイに置いたり、フックに掛けると定位置化され、迷子になりにくくなります。

法則6 今、使わないものは捨てる

「玄関に、子どもの遊び道具、宅配の段ボール箱などを置いてしまい狭くなっています。」


玄関には、**意外と不要なものが多く置いてあります**。それらを手放しましょう。

始めに、子どもの外で使うような遊びものはひとまとめにし、入れ物に入れます。今、お子さんが使っているものはいいですが、小さい頃に使った遊び道具がそのまま置いてあれば真っ先に処分。

また、しばらく使っていないようなレジャーグッズも今後使う予定がないなら処分しましょう。

次に、お届け物の宅配便、段ボール箱が玄関先に置いてあるお宅をよく見かけます。段ボール箱は見栄えが良くないことに加え、玄関にあるのは邪魔ですし安全面においてＮＧです。地震の時に倒れたり、出口をふさがれる危険があります。

同じ理由で、便利だからとむやみに棚を設置することもおすすめしません。大抵、玄関に関係ないものが置かれています。

大切なのは、玄関には玄関で使うもの、外出時に使うものだけを置くことです。

また、玄関で使うものでありますがスリッパもチェック。くたびれたスリッパは来客用なら失礼ですし、自宅用であっても見た目も良くないため処分しましょう。

併せて玄関の外についてもお伝えしておくと、無造作に傘、植木鉢、誰も使っていない自転車など、いろいろ置かれて乱れた様子ですと、家の中が散らかっていることが多いものです。防犯上も良くないので、不要なものは処分し、早めに片づけましょう。

法則 7

散らからないためのルールを決める

繰り返しになりますが、玄関は乱れやすい場所でもあります。

出かける時に、上着をあれでもないこれでもないと試して散らかしたり、通販で買ったものの段ボール箱なども放置されがちです。お届け物は、すぐ開けて段ボール箱をたたみ、玄関なら目立ちにくい所に立て掛けておきます。

とはいえすぐできない時もあるもの。

ここで有効な法則は、**戻す時間を決める**ことです。私の場合は30分以内と決めています。時間を決めてリセットすれば大丈夫です。

また、郵便物をポストから出し、玄関にバサッとそのまま置いてしまいがち。

対策として、**玄関に不要なチラシを入れるゴミ箱（資源回収の入れ物）を置いておき、いらないチラシはすぐにゴミ箱へ入れる**ルールにします。不要なものを家に持ち込まないことが玄関だけでなく、家全体が整う近道です。

法則 8

玄関ではグループセットを作る

つづいて玄関にあると便利なものをご紹介します。**使うものを組み合わせて「グループセット」にしておく**とグンと使いやすくなります。いくつか私の活用しているセットをご紹介します。

- 衣類ケアセット…衣類用ブラシ、衣類スプレー
- 玄関掃除道具セット…拭き掃除用タオル、ウェットティッシュなど
- スニーカーを洗うセット…ブラシ、洗剤、バケツなど
- 荷造りセット…ビニールひも、ガムテープ、ハサミ、カッターなど

玄関は置けるスペースが決まっているので、**自分や家族に必要なグループセットをチョイスしましょう**。グループセットは、ケースなどにひとまとめにしておきましょう。

また、非常用持ち出し袋も、非常時にすぐに持てるので玄関に置くのがおすすめです。

法則 9

おでかけセットを作ろう

「外出時、忘れ物が多くしょっちゅう戻ってきてます。」

外出する前は探し物ばかりと嘆く方。「あれ忘れた、これ忘れた」と戻ってきて電車に乗り遅れることも。以前の私もそうでした。外出前の探し物はイライラするもの。それを改善させてくれたのは、玄関に置いた**お出かけセット**です。

先ほどお伝えしたグループセットの要領で、出かける時に持っていきたいものをまとめておきましょう。

例えば、冬のお出かけセット（マフラー、手袋、カイロなど）ワンちゃんを飼っているお宅なら、お散歩で使うリードなどをセットにしたお散歩セットもおすすめです。

また、外出の時に財布や定期券が見つからないという話も聞きます。これらもお出かけセットとしてひとまとめにしておくと便利です。

ただし、**防犯のことを考えると、リビングに置くのがおすすめ。**出かけるまでの動線上に置き場所を作れば、行方不明になることもないでしょう。

バッグを替えた時に入れ忘れが多いなら、財布、定期券の他にイヤホン、メガネなど、外出に必要なものをひとまとめにしてバッグインバッグに入れるのもおすすめです。バッグを替える時にバッグインバッグを1つ移すだけで済みます。

帰宅した時にほっとできる玄関を作り、気持ちの余裕を持てるようになると前向きになります。自己肯定感が上がり、そんな自分をきっと好きになるはず。玄関が良くなると運気もアップ！次の片づけにつなげることができます。

第4章

「クローゼットの片づけ」の法則

片づいたクローゼットが、一番あなたの自信につながる

家の中でも、クローゼット・服は気になるという声がダントツの場所です。

多くの方が、「お気に入りの服だけに囲まれた暮らしがしたい」と理想の暮らしを話します。でも、「いつか着るかも」と思ってクローゼットがパンパンになっている現実にがっかりしていることが多いのです。

本当に自分が着たい服だけが並んでいれば、クローゼットを開けただけで楽しくなり、選ぶ時もワクワク。好きな服を身につけている時は気分が上がります。

まさに、クローゼットが整っていることが、自分への自信につながります。

そんな自信のあらわれとも言える、クローゼット。どうしたらお気に入りの服だけに囲まれた暮らしになれるのでしょうか。

第4章
「クローゼットの片づけ」の法則

「クローゼットの片づけ」の基本法則

クローゼットは、**家の中でも特に思い入れのあるものがたくさん存在する場所**。そのうえ、季節ごとのものやデザインの好みがあるので服は増えやすいもの。自分にとって何が必要で、何が不要なのかをしっかり見極めることが重要です。

まず、思い入れのあるものに関して。本書では一貫してお伝えしていますが、**無理に捨てなくても大丈夫**です。安心してくださいね。

皆さんやりがちなのが、早くすっきりさせたいからと言って、何も考えず一気に捨てること。たくさんある服を前に、面倒だからとよく見ないで捨ててしまうと、不要な理由を考えないままになってしまうので、必ず同じように服があふれかえる日が来ます。

不要な理由に気づくことで、服を増やさないきっかけにもなります。不要なものがわかるというのは、裏返すと、必要なものだけに厳選されることだからです。

大事なのはものと向き合うこと。服を1着ずつ手に取って、選別することです。自分と向き合う時間にもなります。最初は時間がかかってても慣れてくるとどんどん早くなってくるはずです。

クローゼットは段階的に片づける

クローゼットは、広さのわりにたくさんのものが入っていることがあります。さらに、服は思い入れの強いものも多いため、要・不要の選別に時間がかかります。

そのため、**持っている服を全部いっぺんに出すのではなく、例えば今日は引き出し1段目、次回は2段目など、分けて片づけていくようにしましょう。**

引き出し1段だけであれば、カンタンに取り掛かれそうではありませんか？

受講生の方も、多くの方が「それならできそうです！」と目を輝かせてくださいます。一度にすべてを片づけようと思うと、面倒で手がつかなかったり、時間がなかったりして、いつまでも片づきません。まずは**カンタンに手がつけられるように頭を切り替える。**これも片づけの基本です。

クローゼットの収納のコツ

収納のコツは、クローゼットも例にもれず、「分ける」ことがポイント。**要・不要を分け、いらないものを手放してから収納、**の順番を守ることが重要です。

収納も、片づけの基本法則に沿ってやっていきましょう。

アイテム別に分けたり、季節で分けたり、使う頻度などで分けます。

そして、**「高さ」を意識します。**よく使うものは中段に、次に使うものは下段、あまり使わないものや季節のもので軽いものは上段へ。また、よく使うものは手前へ、たまに使うものや季節のものは奥にしまいます。

クローゼットも、まずは不要なものを手放すことが大事。そうすれば収納はラクにできます。

法則 1

処分する服は「気分が上がらない服」

「洋服を処分するタイミングがわかりません。」

最初に手放す服は、傷みのある服です。毛玉がすごい、色がさめてきた、襟口、袖口が伸びているなど、着た時に気分が上がらないような、**一番ワクワクから遠い服を手放しましょう。**

傷みのある服なら、比較的、ラクに処分できると思います。Tシャツなら拭き掃除をして完全に使い切って処分するのもおすすめ。

まず1着手放すことができれば自信につながるはずです。

難しいのは、傷みがない服です。「いつか着るかも」と思ってしまう方も多いでしょう。

そこで、服の賞味期限を決めてみましょう。**「○年着ていない服は手放す」と、自分で期限決めをして手放す**方法です。

例えば「1年着ていない服は手放す」といった具合です。1年、3年、5年の中で賞味期限決めをしてみましょう。

着ていない洋服を処分するタイミングがわかり、「いつか着る」は、なかなか来ないことを知ることもできます。

もちろん思い入れのある服は別と考え、残してOKです。

捨てられなかった服も賞味期限決めをすることで手放せるようになり、「捨てられた！」と自信につながるはずです。

捨てる際の注意点をひとつ。

捨てる服を入れた袋を目のつく所に置いておかないこと。

中から引っ張り出す方が結構います。ゴミの日やリサイクルに出す日まで少し離れた場所に置いておきましょう。

法則 2

増えすぎた服には袖を通してみる

「服が好きなためクローゼットはいつも余裕がありません。」

服が好きな方は、クローゼットがいつも一杯というのは非常によくあるパターンです。でも、クローゼットの中は余裕がなくなっていると、服が見つけにくい、取り出しにくくなっています。パンパンに詰まりすぎて、服がしわになっていることもあります。

こんな時は、**好きな服を大事に扱うと考えて、少し減らすこと**を検討してみましょう。

片づける時は**愛着の少ない服から、一度袖を通して鏡で見てみましょう**。顔の近くに服を当ててみるだけでもＯＫ。以前とは雰囲気が違って見えたり、今の流行に合わないものが見えてくるのではないでしょうか。

「似合う服」は、年齢とともに変わるもの。私も、実感しています。

思い切って外出先に着て行ってみるのもおすすめです。私も実践していますが、人目が気になって落ち着かない服は処分確定です。

たまに「部屋着にします」という方がいますが、外出着は、デザインや素材がいまいちリラックスできないものも多く、部屋着に降格も難しいもの。もしどうしても部屋着にしたいのなら、こちらもすぐに部屋で着用して判断しましょう。

片づけることで本当に好きな服に囲まれ愛情もさらに増すことでしょう。

法則 3

小物は数を決める

「スカーフや帽子があふれています。」

「最近出番がない」「服に合わせるのが難しい」といったスカーフ、帽子、マフラーはありませんか？

私は以前こういった小物が大好きでたくさん持っていました。

でも、気づけばいつも被る帽子は大体同じ。マフラーも合わせやすい色ばかり使っていました。

そこで、帽子ならシーズンごとに1つだけ、マフラーは2本のように種類によって数を決めることにしました。実際この数で充分間に合っていますし、管理もカンタンです。

アクセサリーに関しては、本当に好きな数点に絞りました。いつもお気に入りを身につけられハッピー気分です。

法則4 服は＋1回たたんで立ててしまう

「YouTubeで服のたたみ方がいろいろ紹介されています。どの方法がいいですか。」

新たにたたみ方を覚えるのは大変です。そこで、覚えなくてもうまくいく方法をお伝えします。

たたみ方は、**いつも自分がたたんでいるやり方＋1回たたんで、コンパクトにしましょう。**

収納する時には、Tシャツ、カットソー、ニットなど、アイテム別に分け、**たたんだ服の輪になっている部分を上にして、立ててしまう**ようにします。何が入っているかがわかりやすくなるので、重ねてしまうとよくある上の方の服だけを着ることがなくなります。

法則 5

すぐに洗濯しない服はしまい方を決める

「洗濯するまでもない服が積まれています。どこに置けばいいでしょうか。」

1回着ただけなどの服は、洗濯しない方もいらっしゃると思います。そういう服は、ついつい椅子などに掛けっぱなしになりやすいですよね。

外出着なら、ブラシをかけてハンガーに掛け、好みで衣類スプレーをします。そのままクローゼットに入れるのではなく、クローゼットの外に1晩掛けて湿気を飛ばし、その後にしまいましょう。

部屋着やパジャマについては、部屋のどこかにちょい置きしがち。以前私がソファーなどにちょい置きしていた時は、「だらしないな…」とがっかりしていました。

部屋着は脱いだ後に置いておく定位置を決めましょう。

この時、**動線を考えて定位置を決めることがポイント。**

もし今、定位置が決まっているのにちょい置きしがちなら、戻しにくい場所なのかもしれません。脱いだ後、すぐ戻せる場所かを再確認して、定位置を変えてみましょう。

服のちょい置きがなくなるだけで、印象が変わり、気分がいいものです。

法則6 思い入れのある服は「前向きになれる服」を選んで残す

「あの時に着ていた服など思い出が1着ごとにあり、捨てられません。」

「夫と初めてのデートで着ていた服」「冬にイルミネーションを見に行った時に着た服」「バリバリ仕事を頑張っていた時に着ていた服」などなど、いろいろな思い出のある服は手放しにくいですよね。そういった服は無理に捨てようとしなくて大丈夫。

まずは傷みのある服などから手放し、「思い入れのある服に取り掛かってもいい」と思え

たら取り掛かるようにしましょう。

思い入れのある服を処分する時のポイントは「選んで残す」こと。部屋がきれいになってきて処分したい気持ちと、思い入れがあるので処分したくない気持ちの葛藤が「すべてを捨てなくてOK」と思うことで中和され、前向きになります。

私の場合、「思い出」として残している服は、「キャンペーンガール時代の制服」「結納の時に着たワンピース」「夫からお土産のチャイナドレス」「ウェディングドレス」です。

とある受講生も、どの服も思い出がたくさんあり手放せず、クローゼットはパンパン。そこで、その中から思い切って「仕事がうまくいった日に着ていた服」を手放しました。後日、「捨てたら後悔するんじゃないかと思っていましたが、1ミリも思い出すことはありません」と清々しい表情で話してくれました。

反対に**「つらい時期の服」**をどうしたらいいか?というご相談を受けたことがありますが、そんな服から手放してはいかがでしょうか。つらい思い出を消化することができるかもしれません。

残すのは、前向きになれる服。ただし、思い出のものは後回しです。

不要なものを処分し捨てる力がつくと、だんだんと思い入れのあるものも手放せるようになってきます。**思い出も大事にしながら、これからの未来の自分にもワクワクするために選んで残す**ようにしましょう。

法則7 高い服は「この先1回でも着るかどうか？」を考える

「若い時に買った高価な服。もう買えないと思うと着ていないのに捨てられません。」

お気持ち、わかります。私も若いころに買った数万円したミニ丈のスーツが、なかなか手放せませんでした。

でも手放せたのは、流行、年齢、どれをとってもまず着ない。それを着て外出することは100％ないと思ったから。**高くても着ていない服より、安くても今着てワクワクする服の方が価値がある**ものです。

高価な服はそれだけで思い入れが強くなります。繰り返しになりますが、**思い入れのない服から片づけを始めて選ぶ力がついてくると、思い入れのあるものも手放せる時がくる**はずです。

「フォーマルドレスが何着もあり捨てられず、場所を取っています。」

フォーマルドレスは、友人の結婚式などで購入することが多いと思いますが、「毎回同じ服は着られない」と新調して枚数が増えるようです。

一方でそのドレスを今後着る機会があるかを尋ねると、大抵の人は今後着る機会がないと答えるのです。それでも捨てられないのは、高価だったし、ドレスという普段は着ない服なのでもったいない、と思うからでしょう。

最近購入したドレスなら、まだ着る機会があるかもしれませんが、10年前となると流行があり難しいことも。「デザインが古くないですか?」と聞くと、頷かれる方も多いです。思い切って処分を検討しましょう。

「華やかだけど着ない昔のドレス」より、「普段の自分を素敵に見せてくれる服」があなたを輝かせてくれるはずです。

「コートは高かったので捨てられず、着ていないのが5着以上あります。」

全然着ていないコートがたくさんあるという話もよく聞きます。中には持っているコートは10着ですが着ているのは2～3着という方も。

でも高価なものなのでなかなか手放せないのです。それでいてかさばるので場所を取ります。

私もしばらく着ていないロングコートを手放せませんでした。

でも、くるぶしまで丈が長いものは今の自分は着ない、「いくら素敵でも着なければ持っている意味がない」と気づき、手放せました。まず着ない理由が明らかなものを手放してはいかがでしょうか。

例えば、多くの方が、「重いコートは着ない」と言います。私もダウンコートを着慣れたら、それ以外のコートは重く感じて着なくなり手放しました。

わかっていても難しいという方は、着ていないコートが5着あったなら、**まず1着手放すことからトライ**してみましょう。コートも流行があるもの。かさばるコートを1着手放せばクローゼットに余裕ができるのでやる気にもなります。

参考までに、私の冬のコートの数をご紹介します。ダウンコート2着と、ハーフコート1着です。住まいのある仙台は晩秋から春先まで長い期間着るため、この3着をフルに活用しています。

コートは場所を取ります。「着る」か「着ない」かで判断するのが大事です。

捨てられない服ナンバーワンとも言える、コートを手放せたら自信につながります。

法則 8

子どもに譲ろうと思っている服は処分対象

「子どもに譲ろうと取っている服があります。」

「もう私には若すぎて着ない服を、娘が着てくれたらいいなと思って取ってあります」という声はよく聞きます。お子さんが小学生だとすると、着るまでに10年くらい。かなりの年月です。

でも残念ながら、実際に娘さんが着てくれたという話は聞きません。趣味が違う、デザインが古いなど理由は様々です。

わが家の娘は、1年前まで欲しいと言っていた私のワンピースを、実際に譲ろうとしたら「いらない」と言いました。たった1年の間でも趣味は変わるのですね。

また、実際に譲り受けたことがある方からも「親が着なくなった服をくれます。趣味が違うし古いし、着ることはありません」と聞いたことがあります。

結論、もったいないと思われるかもしれませんが、そういった服は処分対象です。
もし**どうしても譲りたい服があるのなら、思い出の服と同じく、選んで数枚にとどめておきましょう。**

自分の服は自分で完結させることが大事なのかもしれませんね。

法則 9 「直してまで着たい服か?」を問いかける

「レザーのジャケットがきつくなりました。直して着たほうがいいでしょうか。」


レザーに限らず、思い入れのある服なら直そうか迷うと思います。

ポイントは、**その服を直してまで着たいかどうか?**です。

レザーなどの素材はお直しにも高価な料金がかかることが考えられます。さらにクリーニング代も高価です。

今後、お直しをした後、年に数回程度の着用で高価なクリーニング代がかかる、そして革製品はお手入れなど管理にも手間がかかります。それでも直して残したいかどうかで判断しましょう。

「痩せたら着る服があります。」

講座では必ず「痩せたら着ようと思う服がある」という話が出て、多くの方が笑いながらも共感し頷きます。確かに取っておきたくなるもの。

でも、すっきり痩せた方の話を聞くと、**「痩せたら着よう」と思っていた服は実際着ていない**と言います。なぜかと聞くと、古くて着たくないとのこと。この話を受講生にすると、やはり皆さん「確かに〜」と頷きます。

痩せたら着ようと思っている服も、処分しても後悔しない可能性が高いです。すっきり痩せた時、自分へのご褒美で新しい服を買ってあげましょう。

法則 10

クリーニングが面倒だと感じる服は持たない

「クリーニングが面倒で着ていない服があります。」

ここまで、服の要・不要の見極め方をお伝えしてきましたが、私のような面倒くさがりさんのために、もう一つ重要なポイントをお伝えします。

それは**家で洗える服**かどうか。受講生の中にも「クリーニングが面倒で着ていない服がたくさんある」という方がいらっしゃいました。

クリーニングはコストも手間もかかります。そこを億劫に感じてしまう服は、いくら好きでも、クローゼットに眠ったまま。それを防ぐためにも、**家で洗濯できない服は選ばないのも一つの手です。**

今はスーツも家でお洗濯できるものも増えたので、私は気兼ねなくじゃぶじゃぶ洗ってさっぱり気持ち良く着ています。

「管理がラク」は時短にもつながりますし、それができたことが自信にもつながるはずです。

法則11

小さいものは大きく区切ってラクにしまう

「下着の整理の仕方がわかりません。すぐぐちゃぐちゃになります。」

下着や靴下のような小さいものは、タンスの中でぐちゃぐちゃになりがちです。
靴下や下着を一つずつ入れる仕切りがついた便利なケースも売られていますが、面倒くさがりの私にとっては、一つひとつを小さな仕切りに入れるのが手間に感じます。
そこで、私はタンスの中で**「靴下」、「ショーツ」などアイテム別に仕切りをつけ、大きめの空間にポンポン入れていく「入れるだけ収納」**にしています。とてもラクで取り出しやすくしまいやすいです。

ポイントは季節別に分けておくこと。これは服全体にも言えることです。シーズン以外の靴下は他の場所に入れて、今のシーズンのだけを入れます。よく、夏なのに冬物の厚手の靴下やタイツが一緒に入っていて邪魔になっていることがあります。

これがぐちゃぐちゃの大きな原因にもなっています。

下着や靴下などを片づける順番は、**全部出す→傷みのあるものを処分しシーズン以外のものを移動→アイテム別に収納**です。この流れを守って片づけてみましょう。

法則12 下着も賞味期限を決めてサイクルを回す

「下着の捨て時がわかりません。」


下着は、着用回数が多い分傷みやすいです。一方で、外から見えないこともあり、買い替えるタイミングが難しいですよね。

下着はまず自分に必要な枚数を考え、その数まで減らしましょう。そして**1着1着の賞味期限を決めて、期限が来たら処分する形を取るのがおすすめ**です。

例えば、私はアイテムごと5枚ずつまで数を減らして管理をラクにし、1~2年で買い替えるサイクルを回しています。処分するのはシーズンの終わり、もしくは年末に、とタイミングを決めてわかりやすくしています。

期限を決めると、少ない枚数でもいつも状態の良い下着を身に着けていられるので、気持ち良く過ごすことができます。

下着は、「賞味期限決め」「入れるだけ収納」で乱れ知らず。ラクにすっきり整えましょう。

法則13 バッグは種類別にお気に入りだけ残す

「バッグが好きで、ぎゅうぎゅうに入っていて取り出しにくい。」

まず、**たくさん持ちすぎていないか確認しましょう。**最初は家中にあるバッグを1か所に集めてください。片づけサポートに伺ったお宅では30個くらい出てくることもよくあります。箱に入ったままで、ご本人が「こんなのがあったんだ！」なんてものが続出。自分が持っているのを忘れているバッグは、この先使うことはないでしょう。

バッグをすべて集めることができたら、トートバッグ、リュック、ポシェットなど、**種類別に分けてみましょう**。すると、学校行事用のハンドバッグが3つ、リュックが5つ、冠婚葬祭用が3つ……など、1種類あたり3~5つくらいずつ存在していることがわかってきます。たくさんありすぎて管理できずに、うっかりまた同じものを買ってしまうパターンがほとんどです。

さて、種類別に分けられたら、**その中からお気に入りを選んで、それ以外は手放しましょう**。

捨てるものを選ぶよりお気に入りを選ぶ方が前向きに決められます。**残す数は、使用頻度に合わせて考えましょう**。

例えば、入学式などの学校行事用のバッグは、1つで充分。一方で、普段使いするリュックは2つあってもいいという具合に考えます。

選んで残したことで、好きなバッグを大事に使うことができるでしょう。

もっと身近な例で言えば、エコバッグは増えやすいです。小さいし邪魔にならないから……と持ち続けるのは要注意！

それが習慣になってしまうと増え続けていきます。大小かかわらず不要なものは手放しましょう。

さて、バッグを減らすことができたら、収納していきましょう。

まず**よく使っているバッグと、たまに使うバッグを分けます。**

クローゼットの中で、**よく使うバッグを手前に置き、たまに使うバッグは奥へ。**使用頻度で分けておくと、取り出しやすく戻しやすくなります。

自立しないような柔らかい素材のものは、プラスチック製のブックエンドを使い、立てて収納します。

クローゼットを開け、整っているバッグを見ただけでウキウキするはず。選ぶのもお出掛けも楽しみになることでしょう。

法則 14

フリマに出したいものは期限を決める

「フリマアプリに出そうと思っているものや、梱包資材で部屋がいっぱいです。」

不要な服をリサイクルすることは、ものを活かすわけですので、とてもいい方法だと思います。フリマアプリを利用している方も多いでしょう。

一方で、「売ろうと思っている服、売れ残った服が部屋で山積みになっている」「発送用の資材がいろいろあり、散らかっている」というお悩みもよく聞きます。

家の中に、「フリマアプリの山」があるそうです。部屋をすっきりさせるためにフリマを活用しているのに、逆にものであふれかえっている残念なことになっています。

解決策として、**フリマアプリにもルールを作りましょう**。例としては、次のようなものが挙げられます。

●高めに売れそうな服だけ出品する
全部売ろうとすると大変ですから、選んで出品します。

●○月○日まで出品しなかったら手放す
期限を設けることで後回しを防ぐ他、やる気にもなります。

●売れなかったら潔く手放す
これ以上の手間をかけないようにします。
せっかくの便利なシステムですから、うまく活用しましょう。

その他にも**「資源回収」「資源ごみ」でのリサイクルも活用**しましょう。各自治体によって呼び方の違いやルールがあると思います。手軽ですぐに実践できるので、捨てることに抵抗がある人にはおすすめです。
実際、「資源回収を利用するようになり、リサイクルで何かの役に立っていると思うと、捨てる罪悪感がなくなり、処分できるようになった」という声が届いています。

服は持っている数が少なければ管理がしやすく、それができていれば自分への自信にもつながります。

大学生の娘の話になりますが、いつもお気に入りの服を着たいとシーズンごと5パターンほどで回しています。狭い寮暮らしですがクローゼットがすっきり。

いつも好きな服を身に着け、ハッピーを感じているようです。

第5章

「キッチンの片づけ」の法則

片づいたキッチンは時間を作る

毎日何度も立つキッチンですから、**整っていたら気分も良いですし、時間短縮につながります**。家族もどこに何があるかわかりますし、散らかりにくくなります。

以前のわが家は、それとはほど遠いキッチンでした。ものが多かったため、食品ストックや調理道具をかき分けて料理をしていました。あっちの引き出し、こっちの扉を開け、無駄な動きがとても多かったのです。しかも調理台の上に調味料やらいろいろ置いていたので場所も狭く窮屈に感じていました。

こんな状況ですから、後片づけも大変！山もりになっている調理台も大量の洗い物も、面倒で本当にやりたくない家事でした。

そんなわが家でしたが、**不要なものを手放し、収納を工夫したことで、料理や後片づけ**

の時短につながりました。

例えば、ボウルをたくさん持たないようにしたことで、料理は1つのものを洗いながら使うように。調理台に調理器具をたくさん広げずに済むようになったのであんなに嫌だった後片づけなのに、食後すぐ取り掛かることができるようになりました。

もともと料理が苦手な私ですが、片づいたことにより面倒くささが減り、料理のハードルも低くなりました。好きになったわけではありませんが（笑）、軽快にキッチンに立ち、食事の準備ができるようになったのは大きいです。

時短になれば自分の時間もでき、やりたいことができるようになりました。私は、その時間でこうして本を書いています。

空いた時間で皆さんは何を楽しみたいですか？

それを考えることが、キッチンの片づけに取り掛かりやすくさせるでしょう。

「キッチンの片づけ」の基本法則

キッチンは、家によって大きさが違うことが多い場所ですが、片づけの基本は同じです。私がこの法則に気づいたきっかけも、結婚当初に住んでいたマンションからキッチン収納の少ない借家に引っ越したことでした。

どんなキッチンでも使える、片づけの基本は5つ。まずはそれをお伝えします。

①不要なものを手放す

まず、ものが少なくなれば自分だけでなく家族もどこに何があるかわかるようになりますし、散らかりにくくなります。

キッチンは「代用できるもの」がたくさんあります。あれば便利なものは、なくても問題ないことが多いのです。

②「よく使うもの」「たまに使うもの」に分けて管理する

「調味料や調理器具で調理台の上がゴチャゴチャになる」というのはよくあるお悩みで、

見栄えが悪い上に、料理がしにくくなります。しかし、すぐ取りたいので出してあるわけですから、全部しまうのは難しいもの。

そこで**「よく使うもの」は出しておいてOK、「たまに使うもの」を引き出しなど収納の中へ入れると決める**のです。

調味料なら、醬油、塩、コショウは出してOK、それ以外は収納。調理器具ならおたまや菜箸を出してOK、たまに使うゴムベラをしまっておくといった感じです。余計なものがごちゃごちゃせず、調理するスペースも確保できて、「すっきり」と「使いやすさ」の二つを手に入れられます。

③高さを意識して収納する

高さを意識すると、取り出しやすくしまいやすくなります。ストレスなく出し入れできるので、きれいな状態をキープしやすくもなります。

一番取り出しやすいのは中段、その次が下段、上段の順です。中段とは大体、目の高さから腰の位置までを言います。のちほど食器棚を例に詳しくお伝えします。

④手前と奥を意識する

高さだけでなく、手前と奥も意識しましょう。**よく使うものを手前に、たまに使うものを奥に入れます。**

カトラリーの引き出しでも、よく使うスプーンを手前に、出番の少ないスプーンを奥にすることで、よく使うスプーンは引き出しを少し開けただけでサッと取り出せるようになります。

⑤使う場所の近くに収納

例えば、シンク下にはボウルやざるといった水を使うものを収納します。真下に置いてあることで、振り返ったり手を伸ばしたりすることなく、また左右に動かずに済みます。**動線が良くなり作業が早くなるのです。**

基本ルールを５つ紹介しましたが、１つ試すだけでもキッチンが使いやすく、時短になることを感じるでしょう。

法則1
場所やカテゴリーで分けて考える

キッチンは、狭い場所ですが、「カトラリー」「食品ストック」「調理道具」「鍋・フライパン」「食器」など置いてあるものの種類が多いです。

片づけを前向きに進めるためには「キッチン」をいっぺんに片づけようとするのではなく、**カテゴリーに分類し、小さく分けて片づけを進めていきましょう。**

また、**スタートが大事**です。まずは、**ラクにできる「箸・カトラリーの引き出し」から取り掛かりましょう。**その後は自分が気になるところからでＯＫです。

分類の方法は、場所でもいいでしょう。「箸・カトラリーの引き出し」「パントリー（食品庫）」「シンク下」「コンロ下」「食器棚」のように分けましょう。自分がやりやすい方を選んでください。

いずれにしても、**小さく分けて片づけるのがうまくいくポイント。**

いっぺんに始めてしまうと、考えることが多くなり、途方に暮れてしまいます。それにもし終わらなかった時、足の踏み場がなくなりキッチンが大変なことに。

分けて行えば、片づけのハードルも下がります。一角ずつすっきりさせて、「できた!」という自信をもとに次へつなげましょう。

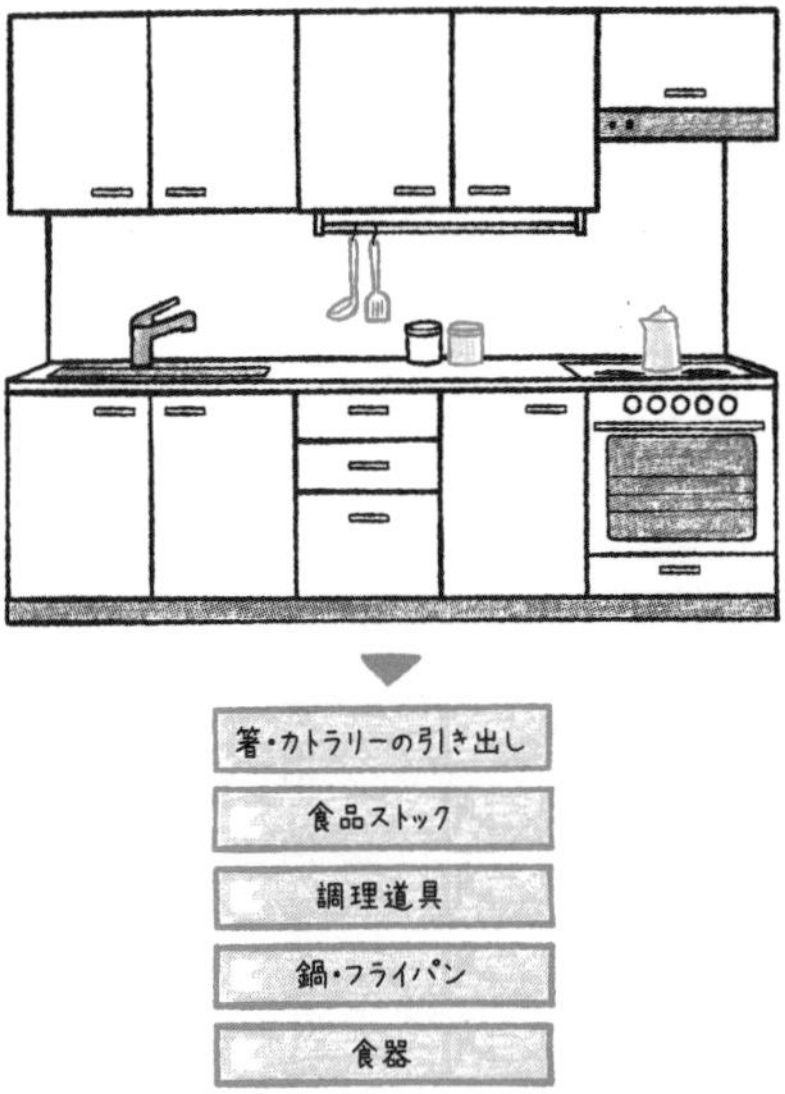

法則 2 キッチンはカトラリーの引き出しから片づける

「どこから手をつけたらいいかがわかりません。」

キッチン片づけのスタートは、お箸やスプーンといったカトラリーが入っている引き出しから。狭くて浅い引き出しなので、取り掛かりやすいのです。

最初に調理台の上にキッチンペーパーなどを敷き、**引き出しのものを全部出します。**

そして不要なものを処分します。スーパーなどで貰った割りばしやスプーンが溜まっていたら処分するか、非常用持ち出し袋に入れてもいいでしょう。

次に**カトラリーの引き出しに必要ないものを移動**させます。関係のないガムテープや、ふりかけが入っていたお宅もありました。そういったものは適した場所に移動させます。

これだけでだいぶすっきりします。

次は、汚れている、使わない用途のスプーンなどがないかをチェック。錆びたスプーン、傷んだ木製のスプーン、先の汚れたお箸などは処分しましょう。

他にも、以前は使っていても今は使うことがないものなら処分しましょう。


続いて、**カトラリー類の数を見直し**ます。

スプーンやフォークが必要以上に入っていませんか?

必要な数の目安は、家族の人数+マックスの来客数です。例えば、3人家族でお客様は3人までなら、スプーン、フォークそれぞれ6本ずつあれば足りるはず。

スプーンやフォークはサイズも大小、いろいろと取り揃えてあることが多いもの。以前は来客の時にたくさん必要だったかもしれません。でも、ライフスタイルの変化やコロナ禍を経験し、今はそれほど多くは必要ないと感じている方も多いのではないでしょうか。


ここまでくれば、あとは**種類別にケースなどに入れる**だけです。

いかがですか?空間に余裕ができたのではないでしょうか。

まずは、狭くて片づけやすい箸やスプーン類が入ったカトラリーの引き出しからスタート。「できた！」という自信が生まれます。すっきりした引き出しを開けた時、笑顔になるはずです。そうなればこの後のキッチンの片づけが楽しくなるでしょう。

法則3 調理器具は数をスリムに

「調理器具の引き出しがすぐごちゃごちゃになります。」

調理器具は実にいろいろあります。おたま、菜箸、フライ返し、計量カップ、トング、泡だて器……。挙げ始めたらキリがありませんね。

ここでも、**引き出しの中身を全部出してみることから始まります**。

以前片づけサポートで伺ったお宅では、引き出しにぎゅうぎゅうに詰まっているものを全部出してみると、スライサーがいくつもありました。用途によって種類が違うそうですが、使っているものは同じものだとか。他にも、計量スプーンが3セット、ピーラーは3本、しゃもじが5本なんて方もいらっしゃいます。

ダブって持っているものは、**使いやすいものを残して他を手放しましょう。**

ここで一つ注意したいポイントがあります。よく、「100円ショップで買ったものが使いやすいけれど、値段が高い方を残そうかな…」という方がいます。お気持ちはわかりますが、おそらくまた100円ショップのものを買い直すでしょう。

残すものは、**値段ではなく使いやすさで選ぶのがポイント**です。

法則4 「代わりが利かないか?」を考えてみる

調理器具は、代用できるものがたくさんあります。**1つの使い道しかないものは、かさばることも多いため、手放すことも考えましょう。**

私が以前手放したものをご紹介します。

まず、みそこし。わが家の場合、お味噌汁を作る時はおたまと菜箸で充分でした。みそこしは意外とかさばりますし、洗い物も減り管理がラクになりました。

計量スプーンは大きなスプーンとティースプーンで代用しています。

ワインオープナーとワイン栓は、ワインを飲む機会が減ったのと、最近買うのは手で開け閉めできるタイプ。そのままキャップで保存できるので必要なくなりました。

マッシャーも出番がないわりに場所を取るため手放し、じゃがいもをつぶす時は大きめのスプーンで代用。

それから、引き出しを占領していたランチョンマットは、拭けるタイプに変えました。使用後は拭くだけなので家族の人数分だけ持ち、来客用も同じタイプを3枚だけ。

おしぼりトレイも、今はウェットティッシュを使うため処分しました。

不要なものを手放せば引き出しの中のゴチャゴチャがなくなるはずです。

収納法は、「キッチン片づけの基本法則」でお伝えした通りで、調理台に出しておきたいものがある場合は「よく使うもの」を出しておきます。ツールスタンドに立てて入れる、吊るす、といった方法でいいでしょう。そして「たまに使うもの」は中に収納します。

調理台の上、引き出しの中がすっきりすると、気分がウキウキ。キッチンに立つのが楽しくなるはずです。

法則 5 便利グッズに惑わされない

「100円ショップの便利グッズをよく買いますが使っていないんですよね。」

私も便利グッズが大好きで、よく買っていました。「料理がラクになりそう」と思うんですよね。でも今は一切見向きもしなくなりました。

なぜなら、結局使わずじまいが多かったからです。ひどい時はパッケージに入ったままということも。

テレビ、YouTube、インスタを見て便利そうと思うわけですが、便利かどうかは人によって違います。受講生も、「キャベツの千切り用ピーラーは包丁で切った方が早かった」「餃子の皮包み器は、手で包んだ方が早い」という方も。もし便利だとしても、洗う手間を考えたら面倒というパターンもあります。

便利グッズは、1つの用途しかないことが多く、それを使わなければ他に使い道がないので、不要になりやすいのです。

どれもあったら便利ですが、なくても問題ない。使用しないと邪魔になり、引き出しがごちゃごちゃになります。便利グッズに手が出そうになったら、まず代替えできるものがないか考えるクセをつけましょう。

法則 6

賞味期限切れの食品を出さないように工夫する

「食品ストックが気づくと賞味期限切れになっています。」

続いて、食品ストックの片づけについてお伝えします。片づけサポートでお伺いすると、食品庫、引き出し、棚から賞味期限切れのものがたくさん出てくることが非常に多いです。一度封を開けて賞味期限の切れてしまった調味料、使いかけのゴマの袋が複数、粉もの、ふりかけがいくつもといったことがよくあります。

「よく食べているもの」は安い時にまとめて買って余らせがち。日持ちするような乾物も長期保管ができると安心しがちです。

賞味期限切れになる食品は、大きく分けると「試しに買ったもの」「よく食べているもの」「日持ちするもの」の3つです。

私も以前は、いろいろな調味料などを試すのが好きで、ワクワクして選んだものの、食べないうちに賞味期限切れなんてことがよくありました。

今はそんな自分に気づき、変わった調味料や食品は買わなくなりました。

また、頂き物もうっかり賞味期限切れにしてしまった経験から、今は、「いただいたらすぐ食べる」と心掛けてから、おいしいうちにいただいて、無駄にすることはなくなりました。


さて、食品ストックの片づけも、**入っているものを全部出すところから始まります**。

そして賞味期限切れがないかを確認し、残念ながら期限切れは処分。

次に、**「缶詰」「パスタソース」「粉もの」など、大体の種類に分けましょう**。この種類ごとに、収納場所を決めます。


引き出しやケースに入れる時には、積み重ねると何があるかがわからなくなるので、**必ず立てて入れましょう**。カレールウなどの箱もの、鰹節など袋入りの食品も同様に。上から見て何が入っているかわかることが大事です。

奥行きがある引き出しなら、よく使うものを手前に、たまに使うものを奥に入れます。賞味期限が近いものは手前に置き早めに食べます。

食品ストックは様々なものがあるので、大体の種類ごとにケースに名前を書いたラベルを貼っておくと家族もわかりやすくなります。

わが家では防災を意識して、ローリングストックをしています。飲料、食品を、飲みながら食べながら補充していく形です。食べ慣れているものはいざという時、安心感があります。仙台在住で東日本大震災を経験しているため、管理できる量を守り、多めに備蓄しています。

収納のコツを守れば少し多めに備蓄していたとしても、賞味期限切れを防ぐことができます。結果として節約になり、管理ができている自分に自信がつくはずです。

法則 7 お鍋は使い勝手のいいものだけ

「お鍋やフライパンがかなり場所を取っています。下の方から取り出すのが大変です。」

お鍋やフライパンは調理道具の中で大物です。

この質問をいただく方に、大体いくつくらいの数があるか聞いてみると、「お鍋は10個くらいでしょうか…フライパンも5個くらい」と、結構な数を持っていることがわかります。料理が好きな方ですと数も増えるのかもしれません。

ただ、一つひとつが大きいものなので、いくつもあると場所を占領し、取り出しにくくなってしまいます。

「取り出しにくい」と感じたら、まず、使っていない鍋・フライパンはないか確認してみましょう。さらに、**「どうして使っていないのか」を考えましょう。**それがわかると処分しやすくなります。

「フライパンは○センチのばかり使っているので、使っていないものは処分してもいいかも」「こびりつかない加工が剥がれたものは、処分しようかな」など、使わない理由がわかると手放せるようになるでしょう。

また、**他のもので代用できるものはないか？確認してみましょう。**お鍋・フライパンは大きいものなので、1つ手放すだけで場所がかなり空きます。

私も天ぷら鍋やパスタ鍋は、深型のフライパンで代用できると気づき手放しました。天ぷら鍋を処分してから、揚げ物バットも処分しました。子どもが大きくなってからはあまり使わなくなったからです。たまに揚げ物をする時は、お皿にキッチンペーパーを敷いて代用しています。

参考までに私の持っているフライパンの数は2つで、そのうちの1つが深型なので、カレーを作る時などは鍋代わりに使用しています。大きな鍋はなく、片手鍋が2つあります。

昨年、傷んできたので新しく購入し、その際、以前のものは処分しました。1つ買ったら1つ手放すことが大事です。

不要なものを手放して数を減らせれば、収納はとてもラク。フライパンなら、重ねると下のものが取り出しにくいので、**ファイルボックスなどを使い、立てて収納しましょう。**ストレスなく取り出せます。

お鍋はよく使うものは手前に、たまに使うものは奥にしまい、使用頻度で分けて収納します。使いたいお鍋、フライパンをスムーズに取り出すことができ、料理の時間短縮につながります。

法則8 大きな調理道具は1つでも減らす

たくさんあって取り出しにくくなっているものといえば、ボウルやざる。様々なサイズがあり、重ねて収納することが多いので、取り出しにくくなります。

これを片づける時も、**まずは全部出してみて、こちらも壊れている、汚れているものがないかを確認してみましょう。**よく見ると、ざるが部分的に欠けていたり、黒ずんでいたり、ボウルの底がへこんでいたりします。傷んでいるものは料理の気分も上がりませんよね。

ボウルやざるは同じサイズのものを複数持っていることもよくあります。よく使うものを残し、あとは処分すれば、ストレスなく取り出せるようになるはずです。

ご参考までに私の持っているボウルとざるはそれぞれ2つずつです。いろいろな大きさがあれば便利かもしれませんが、なくても問題ないです。取り出す時のストレスも減りました。

もう一つ、まな板もたくさん持ちがちな調理道具です。私の場合は普通サイズと小さいサイズを1枚ずつ。よく使うのは使い勝手のいい小さいサイズです。

皆さんもいつも使うまな板は決まっていませんか?黒ずんでいるものなど、この機会に手放してみましょう。

お鍋やフライパン、**大きめの調理道具は、1つ減るだけで場所が空き使いやすくなるはず。**あれば便利なものはなくても問題ない場合が多いものです。

法則9 保存容器は「いくつ必要か?」を見つめなおす

「保存容器が場所を取っています。どう収納するのがいいですか。」


講座で保存容器の話が出ると、皆さん、「たくさんある!」と言います。

まず持っている数について考えてみましょう。受講生の方に何個持っているかアンケートを取ると、20個くらいが一番多く、次が30個、10個といった印象です。中には、40個以上持っているという方もいます。

お店では、いろいろなサイズがまとめ売りされており増やしがちですが、保存容器が収納を占領しているご家庭も少なくありません。

よく、「あふれているので、うまい収納法を知りたいです」という質問も寄せられます。そう思う人はまず、**そんなに数が必要か考えてみましょう**。

参考までに、現在、私が持っている数は3個です。「足りなくないですか?」と聞かれますが、料理の残りは器にラップをして冷蔵庫へ。翌日までに食べ切ることがほとんどなので問題ありません。以前は私も保存容器に入れていましたが、移し替えるのが面倒になり、ほとんど使っていないので数を減らしました。

人によっては、作りおきや料理を親に届けるなど、ある程度数が必要な方もいると思いますが、受講生は「作った料理を渡す時に容器が返ってくるから5個位で間に合いそう」「10個あれば」と気づいて手放す方も多くいます。

自分のライフスタイルに合わせて、まずは「いくつあれば足りるか？」を考えてみましょう。

必要な数以上に持っていると気づいた方は、不要な分を手放しましょう。手放す基準は、汚れている、臭いが取れないものを優先的に。次いで、使う用途が見つからないサイズのものを処分します。

私の場合、以前セットで買った保存容器の中で、細長いパスタ用と思われる容器は場所を取るので使用しませんでした（パスタは袋のまま保存しています）。小さすぎるサイズのものも、結局使いづらくどちらも処分した経験があります。

数が少なければ場所もそこまで取らないはず。

あふれる保存容器の収納の仕方をあれこれ考えるより、まずは使っていない容器を処分してストレスなく暮らしましょう。

法則10 思い出は1つにしてみる

「お弁当箱、水筒がいくつかあり場所を取っています。」

お弁当箱や水筒はかさばるものなので、棚や引き出しを圧迫しがちですよね。

まずお弁当箱から考えてみましょう。よく、「幼稚園時代、中学時代、高校の歴代のお弁当箱を取ってあります」という話を聞きます。

わが家は娘の幼稚園時代のお弁当箱は既に手放してありますが、運動会や遠足などの写真に写っていて、その当時の思い出を感じることができます。もし思い出があり手放せない場合、こう考えてはいかがでしょうか。

写真も残っていない時は、**いくつかあるお弁当箱の中から、より思い出が強いものを1つ残して、他は処分すると案外気持ちのいいものです。**

水筒はサイズや用途が様々あるため、3人家族のお家から5〜6個出てくることも少なくありません。かさばりやすく、使っていないとゴムの部分が傷んだりするので、管理の行き届く数まで減らすのがおすすめです。

法則 11 特別なものは手放す

季節の彩などで、ものが増えがちなのがキッチンです。例えば、デパートでおせちを買った時などについてくるお重。そのまま残している方も多いのではないでしょうか。

使っていなければ場所を取るだけなので処分しましょう。

他にもよく聞くのは、急須セットです。自宅用のものもあれば、来客用のものもあります。こちらも**「使っているかどうか」で考えてみましょう。**

急須でお茶を淹れるのが日常なら、もちろんあった方がいいわけです。わが家では、熱いお茶を飲む人が家族の中で誰もいないため、手放しました。

来客用については、急須に加え、湯呑と茶たくがいくつかセットになっています。ただ最近は、来客時はコーヒーという方も増えています。わが家でもまさしくそうで、10年以上使っていないことに気づいた時に手放しました。

このように**キッチンの場所を取るものは、今使っているか？今後使う予定があるか？で判断**してみるといいでしょう。

法則12 あって当然なものも手放してみる

「先生のお宅のキッチンはすっきりしていますが、どうしたらそうなりますか。」

すっきりキッチンのためには、「片づけの基本法則」でお伝えした5つが重要ですが、その中でも、**不要なものを手放すことが一番大事**です。

私の場合、そこからさらに一歩進んで、**「あって当然」なものも手放しました**。手放したのはキッチンマット、洗い桶、三角コーナー、水切りかご、ふきん、の5つです。

まず、キッチンマット。大物なので洗濯は他のものと一緒にできず、単体で行うため手間がかかります。毎日の料理で水ハネ、油ハネしているにもかかわらず、洗濯はたまになので衛生的にもどうかとも思っていました。

そこで思い切って、キッチンマットを手放すことにしました。

マットがないと、掃除が面倒かなと思っていましたが、油が跳ねたら床を拭けばいいだけです。洗濯の時の、掃除機掛けをしてから単独で洗濯、大物なので天気がいい日限定というハードルとは比べ物にならないほどラクに。

後からやっぱりあった方がよかった、と思う可能性も考え、念のため2カ月くらい残そうと思っていましたが、結局それを待たずに処分しました。ちなみに玄関とトイレのマットも手放しています。

次に、洗い桶。ぬめりも気になり、洗うのも面倒だったので処分しました。

でも、こちらも実際手放してみて特に問題はありませんでした。油汚れは、キッチンペーパーで拭き取り、お茶碗はサッと水をかけて、あとは食器洗い乾燥機に入れるだけ。大きいものなのでキッチンもすっきりしました。

三角コーナーも衛生的に気になり処分しましたが、生ごみは水を切ってポリ袋に入れ、朝晩食後に捨てるだけなのでラクになりました。

水切りカゴに関しては、食器洗い乾燥機があるにもかかわらず持ち続けていました。グラス1つだけなど、ちょっとしたものを洗った時に使っていましたが、グラス1つなら、洗った後キッチンに出しておいてもいいわけで、必要ないと思い手放しました。

ふきんは、使用後洗って乾かす、定期的に煮沸消毒や日光で消毒、といった手間がありま す。面倒でサボれば、ふきんの衛生状態も悪いので、どうしたってやらなければいけません。キッチンに出して乾かさなければいけないので見た目も気になります。

そこで、キッチンペーパーに切り替えました。「洗って使えるペーパータオル」を使っています。水にぬらして絞って使えるので、まず食後テーブルや調理台を拭き、その後食器の油汚れを拭くなど、2~3回使用して捨てます。使い切った感もありますし、衛生的なのでとても気に入っています。

あって当然のものを手放したら、管理がラクになり、自分の時間が増えました。さらに、キッチンのものがシンプルになったことで、家族も片づけやすくなり、散らかりにくくなりました。いいことずくめです。

法則13 食器は思い入れと用途で分ける

「料理によって器を変えるのが楽しみなので、食器は処分したくありません。」

食器が好きで手放したくない方は、無理に捨てなくても大丈夫です。受講生の方でも、「食器が好きだから絶対捨てたくない」「料理によって食器を変えるのが楽しみ」という方は多くいらっしゃいます。

ただ、「多すぎる食器を何とかしたい」という声も多いため、どうやって整理をしていくかをお伝えしましょう。

食器の整理も一度全部出して確認するのがおすすめですが、無理のない範囲で行いましょう。

食器は、キッチンの中で一番お悩みが多い印象です。欠けたりひびが入ったりすれば処分しやすいですが、無傷の状態だと、使用していなくても手放しにくいもの。

そこで、**思い入れのない食器から手放してみましょう**。例えば、景品のお皿やグラスなど。もちろんよく使っているなら別ですが、多くの方が処分しやすいと言います。

次に手放しやすいのは、**使っていない大皿、重い食器、洗いにくい食器**です。ライフスタイルの変化や、使い勝手を考え、これらの食器を使わない方が増えました。使う時に面倒に感じるなら、手放し時かもしれません。

さて今度は、**普段使いと、来客用に分けてみましょう**。食器棚に収納する時も分けておくと使いやすくなります。来客用を、思い切って普段使いにされた方もいました。

私自身の話ですが、東日本大震災で、趣味で飾っていたアンティーク食器が半分割れてしまったのを機に、押し入れにしまいました。でも目にする機会がなくなり残念に思うように。

そこで長年使った食器を手放し、アンティーク食器を普段使いをするようにしました。食器も喜んでくれているような気がしています。改めて、ものは使われて輝くのだと感じています。

次に、何をどのくらい持っているかを確認してみましょう。ケーキ皿、カレー皿、小皿、小鉢、用途別に分けて棚卸。

ある受講生のお宅は、白地にブルーの模様が入った食器が大量にありました。好きな柄だそうですが、その多さにご本人も驚いていました。それから、「少し処分してもいいかも」と思えるようになり、手放すことができました。

実はこちらの方は、「食器が大好きで絶対に捨てたくない」と言っていた方なのです。他の不要な服などを処分したら、食器も整理ができるようになりました。

この受講生から、**いつか大事だと思っていたものを手放してもいいと思える日が来る**ことを教わりました。

法則 14

食器の片づけは基本通り忠実に

不要な食器を処分することができたら、食器を棚に収納していきましょう。ぎゅうぎゅうに入っていないだけでも取り出しやすくなっているはず。

食器は、「キッチン片づけの基本法則」に従って片づけるのが鉄則です。

一番重要なのは、高さへの意識。 よく使うものを中段に、次に使うものや重いものは下段、あまり使わないものや季節のもので軽めのものは上段へ入れます。高さを意識すればムダにしゃがんだり、手を伸ばしたりすることなく食器を取り出すことができます。毎日のことなのでストレスフリーになるとハッピーに。

収納棚に奥行きがある場合は、**手前によく使うもの、奥にたまに使うもの**という意識を持ってみましょう。

さらに、**同じ種類の食器やグラスがあれば横に並べず、奥に並べる**と他のものをどかすことなく取り出せます。

食器を重ねる時は同じ種類のものだけにすると使いやすくなります。

法則15 譲ろうと思っている食器は処分する

最後に。**食器は譲ることを考えない方がいいです**。

これから譲ろうと考えている方、実際に譲った方、実際に譲り受けた方、それぞれの立場の方から聞いた話をご紹介します。

読者の方の中には、高価な食器を娘さんやお嫁さんに譲りたいと考えている方もいらっしゃるでしょう。

しかし、実際に新婚のお嫁さんに譲ろうとした方は、「いらない」と言われたそうです。「お義母さんが使ってください」と言われたんだとか。

20代の若い世代の方がおばあ様、お母様からそれぞれ食器を譲り受けた時にも、全く興味が湧かず、押し入れに眠っていて狭いアパートで場所を取り困っていました。

新婚時代に義理のお母さんからセットの食器を譲り受けて20年以上使った方もいらっしゃいましたが、趣味でない食器を長年使い続け、そろそろ好みの食器を使いたい、とおっしゃっていた言葉が印象的でした。

食器は高価なものだと、譲りたい気持ちもあるかもしれませんが、服と同じように趣味があるものです。欲しいと言われた以外は譲ることは考えない方が良いでしょう。ものを活かすのなら、リサイクルショップに持ちこむのもおすすめです。

毎日何度も立つキッチンです。片づければ家事の時短になることはまちがいなし。空いた時間で存分に好きなことを楽しみましょう。

第6章

「リビングの片づけ」の法則

すっきりしたリビングがあなたを癒す

リビングは、多くの方が1日のうち最も長く過ごすことが多い場所でしょう。そんなリビングが整っていると毎日が気持ちいいですし、癒されるはず。疲れて帰ってきても外で嫌なことがあっても、ほっとくつろげるようになります。

でも、家の中で一番散らかりやすい場所なのです。受講生からも「散らかっているので落ち着かない」「ものが多くて圧迫感がある」「なんだかイライラする」と悩む声が聞こえてきます。「家にいるのが苦痛」という方もいるほどです。

あっちを見てもこっちを見ても、ものがたくさん置いてある、家族のそれぞれの私物もあって…片づけようと思っても、何から手をつけたらいいかわからなくなりやすい場所でもあります。

そんな私も以前は、床にものが置いてあり、棚がものであふれていました。

「片づけなくては…でも面倒」と思う日々でした。

リビングが散らかっているせいで、楽しみを諦めている方もいます。

「花を飾りたくても、散らかっていると映えないのがわかるから、飾る気にならない」

「素敵な雑貨を見つけても、散らかった部屋に合わないのがわかるからやめている」

「趣味の手芸を再開したいけど、家が散らかっているのでその気分にならない」

実際に受講生から出た言葉です。

自分の家なのに、やりたいことを我慢しなくてはいけないのは残念ですよね。

ぜひ、すっきり片づけて、リビングにお花を飾り素敵な空間に、好みの雑貨を飾ってウキウキするリビングにしましょう。また、落ち着いた空間でゆったり趣味を楽しみましょう。**好きなこと、楽しいことを諦めない暮らし**をしませんか。

片づけた後、「散らかっている部屋と片づいている部屋では、空気の流れが違う！」と興奮気味に話してくれる方もいます。

さて、癒される空間にするため、リビングでの楽しみを実行するために、いま一度、**「どんな暮らしがしたいのか」と考えてみましょう。**

「すっきりしたリビングでアロマを炊き、おいしいコーヒー片手に、好きな曲を聞きながら読書をしたい」と思い描き、実現した受講生は、笑顔がとても自信に満ちあふれていました。

内容はなんでも構いません。**「それに向かって頑張れそうだな」と思うことを思い浮かべましょう。**

私は「ホテルのような部屋にしたい」という目標を立てて、ワクワクしながら片づけ始めました。

以前の私は、新しいことを始めたいと思った時、「その前に、片づけなきゃいけないよね？」と自分のやりたい気持ちに蓋をしていました。

でも、すっきりした空間になった今、思考も整理され、「片づけの本を書いて多くの方に伝えたい」という挑戦したいことが明確になりました。実際に叶えることもでき、片づけの効果はすごいと思います。

また以前はクヨクヨ気にするタイプでしたが、今はすっきりリビングで癒されるお陰で、その日のうちにリセットされ、翌日には忘れるようになりました（笑）

皆さんも今一度自分の理想とする暮らしを思い浮かべましょう。

もう、自分の部屋で楽しいことを諦めるのはやめましょう。

自己肯定感をアップさせ、癒してくれるリビングは、暮らしを豊かにしてくれるはずです。

リビングが片づくと家族もハッピーになる

リビングを片づけるのは、自分のためだけではありません。受講生の中には「家族が落ち着ける空間にしたい」という方もたくさんいらっしゃいます。

家族がくつろげる空間づくりをしたいのはもちろん、リビングが散らかっていると、イライラしてしまい「いけないとわかっていながら、家族にあたってしまう…」と自己嫌悪に陥りがち。

リビングが癒しの空間になると、自分の心に余裕ができ、笑顔が増えます。

まず片づけて自分がハッピーに、自分を好きになることが「家族が落ち着ける空間」の近道です。

もちろんお子さんにもいい影響があります。ものがたくさん、ごちゃごちゃしているよりも、すっきりしたリビングの方が落ち着くはずです。それにリビングが散らかっていると、それが当たり前になり、自分の部屋も散らかりがちになります。

また、重要なのは、**きれいな状態をキープするために家族も片づけたくなる仕組みを作ること**。「せっかく片づけても、すぐに散らかる」というお悩みは、かなり多いのです。自分だけが片づけることにもイライラしてしまいますし、何度やっても元に戻ってしまうのはモチベーションも下がってしまいます。

散らかっていた時のわが家は、床にもソファーの上にも、ものが置かれ、夫はそれをよけて座っていました。

今、夫は帰宅後にソファーでくつろぎながら、ビール片手に撮り溜めたドラマを見るのが楽しみなようです。仕事の疲れを癒すリビングになり、片づけてよかったと心から感じます。

「リビングの片づけ」の基本法則

リビングが散らかる原因は主に**「ものが多い」「うっかりちょい置き」「片づけても元に戻る」**の3つ。そもそもリビングは家族で一緒に使うので、ものが多いですし、それぞれの私物も集まりがち。

それから、ちょっと置いてしまう、いわゆるちょい置きが多い場所でもあります。うっかりちょい置きは風景化をまねき、その後定置化していきます。

1つちょい置きすると、「置いていいサイン」になり、どんどんものがたまってしまいますので注意が必要です。

さらに家族が集まるので、自分だけが片づけても片づいた状態をキープするのが難しいのです。

それを解決する基本の法則は4つです。

①ものを持ちすぎない

ものを持ちすぎないことは、すべての片づけの基本。リビングでも同じことです。この後も度々出てきますので、まずはここを意識しましょう。

②リビングで使うものだけを置く

リビングはただでさえ共有物が多いので、**置くものはリビングで使うものだけと決めてしまいましょう。**他の部屋で使うものは、リビングに持ち込まないのが基本です。

③よく使うものの定位置を決める

よく使うものは、戻すのが面倒でいろいろなところに置きっぱなしにされがちです。取り出しやすく戻しやすい位置を定位置にすれば解決します。片づけの基本に沿って、よく使うものは中段・手前に入れましょう。毎日使うようなものは収納せず、出しておいてもＯＫです。

ルール化することと戻すことがルーティンになりますし、探す手間も省けます。

手始めに、スマートフォンの定位置を決めてみましょう。

「常に家の中で持ち歩いている」という方も多いと思いますが、うっかりどこに置いたかわからなくなること、ありますよね。

自分の使いやすい場所で構いませんので、テーブルの上、棚、キッチンカウンターの上など、定位置を決めてみましょう。

④動線を良くする

第4章で挙げた、部屋着の例はまさにこの動線を良くした例です。**動線を良くすることで面倒な手間が減り、ちょい置きしなくなります。**きれいな状態をキープするためには、散らからないための行動がルーティン化されていくことが大事。

家族が片づけやすくなる仕組みの1つでもあります。


いかがでしょうか。

特に、**ものを持ちすぎない、リビングで使うものだけを置く**、この2点がとても大切です。

第6章
「リビングの片づけ」の法則

法則1 リビングはテーブルから

「リビングのどこから片づけていいかわかりません。」

リビングは家の中で一番広い場所ですから、片づけを全部いっぺんに行うのはとても大変です。

そこで、リビングは**テーブル、ソファー、棚や引き出し、床のエリアごとに分けて片づけていきます。**

スタートはテーブルから。まずは小さいエリアから片づけて、できた！と自信をつけましょう。それにテーブルの上のごちゃごちゃがなくなると、とてもすっきり見えるため、達成感があり次へのやる気につながります。

次に取り掛かるのはソファー。洗濯物や、脱いだ上着を置いて座れなくなることが多い場所です。どう片づければいいかを考えていきます。

続いて棚や引き出し。せっかく棚があっても、不要なものが押し込まれていることが多いもの。不要なものを取り除けば、テーブルや床に置いてあるものをしまうことができます。

最後に床です。床が片づけば、リビングのお掃除は完璧。

エリアごとに小さく片づけて、「できた！」という達成感を得られれば、自信につながり、次に取り組みやすくなります。

法則2 紙はまず溜めない

一番に手をつけるテーブルには、郵便物やリビングで使う小物などいろいろなものがあり、ごちゃごちゃになりがち。

まずは、**紙関連のもの**から片づけてみましょう。

手始めに郵便物。玄関の章（75ページ）でもお伝えした通り、**チラシなど不要なものは玄関先で処分を**します。不要な紙類を家に入れないことがまず大事です。

必要な郵便物はバインダーなどに挟んで立てかけておきましょう。紙類を積み重ねてしまうと、下の方は何があるかわからなくなります。探し物の原因となるので、立てて収納するようにしましょう。

他にも、子どもの学校からの配布物などが溜まりがちです。ポイントは、すぐ確認して処理すること。

わが家では、娘の提出書類は渡されたらその場ですぐにハンコやサインをして娘に渡し返し、バッグにしまってもらいました。出し忘れもなく紙も溜まらずに済みます。

目につくところにあった方が便利な年間行事予定表や、学年便りといったものは、冷蔵庫の横に貼っていました。枚数は3枚までと決め、正面でなく横の位置へ。貼るマグネットは白にして、目立たないよう厳選したお知らせだけを貼りました。

最近は紙での配布物が以前よりも減りましたが、小学生くらいだと配布物も多く、お子様が何人かいればそれだけ数は増えます。その場合はバインダーを1人に1つずつ用意しておくと、どれが誰のものかわかりやすくなります。

大事なのは紙類を溜めないことです。気づくとすぐ溜まるのが紙類。1ヶ月に一度は点検し、用事が済んだ紙はどんどん処分しましょう。

法則3 ものはあるべき場所へ

リビングダイニングのテーブルの上には、薬、化粧品、文具、調味料、お菓子などもつい置いてしまいがちです。これらは、**あるべき場所に戻してしまいましょう。**

お菓子はキッチンへ、ヘアケア用品も洗面所などへ移動させます。リビングでお化粧をする方は、リビングの棚などに化粧品をしまいましょう。

調味料はテーブルにあった方が便利な場合はよく使うものだけに厳選しましょう。

それ以外のいろいろなものは、ケースに入れてひとまとめに。お菓子の缶でも、家にある100円ショップのケースでもOK。カンタンな方法ですっきりさせます。

第2章で片づけの基本は、分けることとお伝えしましたが、テーブルの上はちょい置きを含め、いろいろなものが置かれやすい場所。

細かく種類別に分けるより、**柔軟に考え、ケースにひとまとめでラクに済ませます。**

食事の時にいちいち避けていたものがまとまり、ケースを避けるだけでOKになります。ちなみに、キッチンカウンターもちょい置きの悩みが多いですが、この方法ですっきり。

フラワーアレンジメントを習っている受講生がテーブルを片づけ、お花を飾ったら、とても映えるようになったそうです。

まずリビングの一角をすっきりさせ、癒しのコーナーを作りましょう。

法則 4

子どもの勉強道具は整理して棚にしまう

「リビングのテーブルに、教科書、ノート、文具が置かれ占領されています。」

最近は、親の目が届くリビングにあるテーブルで勉強をするお子さんが多いので、よくいただくご質問です。いちいち遠くの部屋に戻しに行くのは面倒なもの。

解決策として、リビングに棚があれば、そこに勉強道具を入れるスペースを作ります。リビングはものが多いので、すでに入れる場所がない場合は、**この機会に要・不要を少し厳しく見定めて、入れる場所を確保する**のをおすすめします。

棚がなければ、テーブルの上の一角にファイルボックスを置き、その中にしまってもＯＫ。勉強と食事、生活の中でどちらもうまくいくよう工夫しましょう。

法則5

ソファーのちょい置きは30分ルールで防ぐ

「ソファーに洗濯物をちょい置きして、誰も座れなくなります。」

ソファーに洗濯物、脱いだ上着、雑誌などを置いてしまうというのは多くの人に思い当たることではないでしょうか。

ソファーは、リビングの顔。基本的にくつろぐためにあるはずです。そこが散らかっていては、くつろげるリビングになりません。

解決策は、**「ソファーにはものを置かない」と決める**ことです。家族にも協力してもらいましょう。

家族に協力してもらう時には、言い方もちょっと工夫します。「ソファーにものを置かないで！」「誰も座れないじゃないの！」のように言いがちですが、「ソファーにくつろげるように、ものは置かないようにしよう」と伝えてみましょう。家族もソファーでくつろぎたいはずですから、**協力を得られるようなポジティブな声かけ**を意識しましょう。

ソファーや椅子の背もたれも一緒です。上着を1枚かけてしまうと置いていいサインになり、他の服も置くようになりますから、そもそも置かないことをルール化しましょう。

とはいえ、100%やめるのは難易度が非常に高いと思います。ちょうどいい場所だから置いてしまうのです。日々忙しいですから、洗濯物のちょい置きは仕方がないことだと思います。

そこで、**置いていい時間を決めましょう**。「ソファーに置くのは30分間」と決めて、その時間内に洗濯物をたたんでタンスへ入れるところまで完了させます。

忙しくてすぐにできない方はもちろん、つい置きっぱなしにしがちな時も、「30分間ルール」を作ることで、やる気にもつながります。

法則6 ちょい置きしない洗濯物たたみ

さて、「リビングが片づくと家族もハッピーになる」でも書きましたが、わが家でも以前は、毎日洗濯物がソファーに積まれていました。夫が洗濯物に半分座っていた時もあったほどです。私も夫も見て見ぬふりでした（笑）

そんなわが家で、劇的にちょい置きをしなくなった洗濯物たたみがありますのでご紹介します。

ズバリ、ポイントは**「立ってたたむ」**こと。立ってたたんだ洗濯物を、そばに置いてある机に積んでおき、すべてたたみ終えたらその足でタンスに入れる、というのを一連の動作にしています。

座ってしまうと、たたみ終わった時に一仕事終えた気分になり、タンスに入れるのを後回しにしてしまいませんか？テレビなどを見ながら作業ができるので、作業スピードも遅くなってしまうでしょう。

「立ってたたみ、そのままタンスに入れる」

これを一連の流れにすることで、ソファーに溜めなくなりました。

もちろん急いでいる時は、できない時もあります。その時は、先ほどご紹介した「30分間ルール」を守り、その時間内に終わらせます。

わが家では常にソファーに洗濯物はないので**「ソファーに洗濯物がない＝当たり前、洗濯物がある＝違和感」という図式ができました。**家族全員が、そもそも洗濯物を置かなくなる良いサイクルになっています。

ソファーがいつも座れる状況であれば、くつろげるのはもちろん、趣味をゆっくり楽しむこともできます。家族の仕事や勉強での疲れを癒し、明日への活力になることでしょう。

法則7 棚・引き出しはリビングで使うものだけ入れる

続いて取り掛かるのは、棚・引き出しです。棚があふれている、引き出しがぎゅうぎゅうに入っているご家庭も少なくありません。

棚や引き出しの片づけのコツは、**片づけの基本通り、まず全部出してみること**。どのご家庭の引き出しからも、たくさん不要なものが出てきます。

その不要なものを処分すれば、テーブルや床にあふれているものを入れられるようになります。入れるものは「リビングで使うもの」だけ。他の場所で使うものはその場所に片づけるようにしましょう。

また、**棚でも引き出しでも1段ずつ行いましょう**。無理せず少しずつ進めます。他の場所と同じように、まずは小さな引き出しから始めて、「できた!」という達成感を味わいましょう。

「爪切り、ペン、メモ用紙など細々したものが散らかります。」

リビングの引き出しの中には文具など細々としたものが入っています。

片づけ始めるにはまず、新聞紙やレジャーシートなどを敷いて、引き出しの中のものをまとめて出せるようにします。

実際に中身を出してみると、ペンが何本も出てくるでしょう。書けないものはすぐ処分です。その他、メモ帳、付箋、接着剤、クリップ、ホチキスの針、工具セットがそれぞれいくつも出てくることがよくあります。たくさんあるものは、必要な数に絞って、他は処分するか、引き出しの奥へ分けておきます。

不要なものを処分したら、大体でいいので種類別に分け、ケースなどで仕切った引き出しにしまい直します。これで引き出しの片づけは完了です。

さて、リビングの片づけの基本法則として、ものの定位置を決める法則をご紹介しましたが、細々としたものは数も種類も多いので、すべての定位置を決めるのは大変です。

そのため、ハサミ、ボールペン、セロハンテープなど、**自宅でよく使うものの定位置を**

優先的に決めておきましょう。しまう場所は中段の手前を意識してください。

引き出しに名前を書いたラベルを貼っておくと、家族もどこにあるかわかるようになります。「あれどこにある?」と聞かれなくなりますし、二度買いを防ぐことができます。

ラベルは専用の機械で作ってもいいですが、100円ショップで売っているようなラベルや、マスキングテープに手書きが手軽です。思いついた時に試してみてください。ものが少なければ、ラベルを貼らなくてもいいかもしれません。わが家もリビングの引き出しはラベル貼りしていませんが、家族はみんな何がどこにあるかを把握しています。

棚も片づけ方は一緒です。1段ずつ全部出して不要なものを処分し、リビングに関係ないものを移動させます。収める時はケースに入れるとすっきり見えます。

引き出しも棚も収納する時は、片づけの基本である高さを意識します。よく使うものを中段、その次に使うものや重いものは下段、あまり使わないものは上段へ入れます。また、よく使うものを手前に、たまに使うものを奥に入れましょう。

法則 8

テレビ台の周りは要注意

「テレビ台の周りがごちゃごちゃしがちです。」

テレビ台の周辺は意外とスペースがあるので、ゲーム関連のものなどが無造作に置いていることがあります。テレビ台の棚や引き出しへ入れるのが理想的ですが、出しておく時はケースにひとまとめにしておきましょう。

また、何か飾りたくなりがちな場所でもあります。

ですが、テレビ台は目立つ場所なので、**できる限りものを置かない、何か飾る時は厳選したものだけ**にしましょう。

すっきりするのはもちろん、掃除がしやすくなります。うっかりもう過ぎた季節の飾りものなどを置いたまま、風景化しやすいですし、ごちゃごちゃしてしまうので注意しましょう。

ある受講生のお宅を例に出しましょう。

そのお家ではテレビ台の棚に大きめのボックスがいくつかありましたが、その中身は化粧品のストックやもらいもののグッズでどれもリビングに関係のないものでした。

これらを処分したり移動することで、場所が空いたので、そこはバッグ置き場にしたそうです。

今まであちこち置いていたバッグの置き場所が決まり、とても喜んでいました。

法則9 書類はとにかく処分。整理はカンタンに

「書類の整理が苦手で溜まる一方。使いたい時にすぐ取り出せません。」

本章の前半で、紙はとにかく溜めない法則をご紹介しましたが、難しいのが書類の整理。すぐ溜まるし、整理の仕方がわからないし、見たい時にすぐ取り出せず探すし…紙は厄介です。私も紙類と常に格闘し大の苦手でした。

でも今はラクにできます！そんな私のカンタン書類整理について紹介します。

まず、**不要な紙は玄関でシャットアウト**。これは玄関の章でも、本章の前半にもお伝えした重要なポイントです。

必要で家の中に持ち込んだ紙も、**不要になったものは処分しましょう**。

もう用事が済んだお知らせの紙、古いチラシや雑誌、フリーペーパー、もう手元にない家電の取扱説明書など、ラクに処分できるものばかりです。私が片づけサポートに伺ったお宅では、この時点で半分の紙がなくなることもしばしば。

また、必要だと思って保存してある情報系の資料も、インターネット上に電子化されて公開されていることが多いので、意外と処分できます。

特に昨今の家電の取扱説明書は電子化されているものがほとんどで、わが家でも必要な時はネットから見るようにしています。

不要な紙を処分することが一番大事なところです。**ただ迷うものは手元に置いていていてください**。明らかに不要な紙類は思った以上にあるはずですので、それを優先しましょう。

紙類が半分以下になれば、収納方法はカンタン。**種類別に分けてクリアホルダーに入れてインデックス（見出し）をつけ、ファイルボックスに入れるだけ**です。

わが家では、使用頻度で3か所に分けて収納しています。よく見る書類はリビングのワークデスクにあるのでサッと取り出せます。

たまに見る書類はリビングの棚に、ほとんど見ない保険などの重要書類は押し入れの棚へ。それぞれクリアホルダーに入れファイルボックスに入れています。

使用頻度で場所を分ければ、よく見る書類は外に出ているのですぐに取り出せますし、それ以外は中にしまっているのですっきりします。

厳選した紙類を使用頻度で分けるようにしましょう。

法則 10

無料でお得に感じるものを見直す

「ポイントカード、メンバーズカードで財布がパンパンです。」

ポイントカードやメンバーズカードは、つい溜めてしまいがち。今はスマホで管理する方も増えましたが、お財布が閉まらないくらいパンパンの人もよく見かけます。

ポイントカードやメンバーズカードは、一度**すべて財布から出してみましょう**。半年くらい使っていないものは、よほどでなければ処分。今後使う可能性は低いでしょう。

参考までに、私が持ち歩いているポイントカードは3枚です。他に、たまに使用するポイントカードは家に5枚あり、買い物をする時だけ持ち歩くようにしています。

使用していないポイントカード類は処分し、新しく作らないよう、増やさないよう気をつけています。

ちなみにクレジットカードに関して持っている数は1枚です。以前は何枚か持っていましたが、10年以上前にマイルを貯めるタイプ1枚だけにしました。家族旅行で海外に行く時の飛行機代に充てています。

買い物はほぼクレジットカードなので、カードが1枚だと支払いの管理がラクで、ポイントも増えやすいです。

「シールを集めるプレゼントに弱く、ものもシールも増えてしまいます。」

シールを集めてもらうプレゼントも、お得に感じて溜めやすいものです。中には「実はシールを台紙に埋めることに満足感を得ているだけだった」という方もいます。

シールや台紙、もらうプレゼントはものを増やすことです。

基本的にはもらわないことをおすすめします。

法則 11

本は本棚に入る分だけ

「本棚に本がぎゅうぎゅう、カタログも場所を取っています。」

まずカタログについて。通販などで一度商品を買うとカタログが季節ごとに送られてくることがあります。カタログは厚みがあるものも多いですし、古いカタログはもちろん、**買う予定がない時は処分しましょう。**

また、**カタログの送付を停止してもらうことを忘れずに。**必要になった時は再度注文すればいいですし、ネット通販で同じように商品が見られるものも多いです。

さて、本に関しては本棚に収まるならいいですが、あふれている場合は減らすことを考えます。**お気に入りの本を選んで残しましょう。**

手放しやすいのは情報が更新される本。例えば勉強関連や旅行関連などです。

読まない本を手放すことで、空いた本棚に、新たに興味を持った本を迎え入れることができます。自分にとって新しい発見や知識が増えるはずです。

法則12 本を置く場所は手の届くところに設定

「雑誌や本が、床、ソファー、テーブルなどにちょい置きされます。」

洗濯物の次に多いのが、雑誌や本のちょい置き。原因は、本棚やマガジンラックが近くにないことでしょう。

「リビングに本棚がちゃんとあるんです」と言う方も少なくありません。そう、大抵、本を入れる場所がちゃんとあるのです。

でもそこに戻さないのは、同じ部屋に置き場所があっても戻すのが面倒だから。その結果、読み終わった後、床やテーブルの上に置いてしまうわけです。

戻す場所があるにもかかわらず、戻さずにちょい置きするので「どうして戻さないのっ！」とイライラにもつながります。雑誌や本は、リラックスしながら読むことが多いでしょうから、立ち上がって戻しに行くのがより面倒なのかもしれません。

解決のためには、**使う場所の近くに定位置を決めること**です。すぐ隣に収納場所があれば、立ち上がる手間もありません。

もし、他の部屋に本棚がある場合は、近くても面倒で戻さないわけですから、リビングのソファーの近くに、マガジンラックやファイルボックスを置いて、本や雑誌の定位置にしましょう。

法則 13 床をきれいにするのは「家族ごとボックス」

「お掃除ロボットを使いたいけど、家族の私物で床がごちゃごちゃです。」

最後に、床の片づけ方をお伝えします。

家族が集まるので私物も増えるのがリビング。ゲームや本といった趣味のもの、カーディガンといった羽織ものなど、多岐にわたります。

そんなリビングの床を片づける、とってもカンタンな解決方法を紹介します。

それは、**「家族ごとボックス」**を置くこと。

「家族ごとボックス」とは、**何を入れてもOK、中身も整理しなくてOKのボックス**です。その人ごとに1つボックスを用意し、私物はそれぞれのボックスにひとまとめにします。

全員分用意するのが邪魔になるようであれば、床置きしがちな家族にだけ用意しても構いません。ご家庭ごとに決めてください。

家族に「リビングに私物を置かないで」と言ってもなかなか難しいもの。ですから、**家族が散らかさないようにする仕組みを作りましょう。**

おすすめの形は、スクエア型で浅すぎず深すぎないもの。スクエア型だと無駄なく入ります。浅すぎれば量が入りませんし、深すぎ

ると取り出しにくくなります。取り出すのが大変でない深さというのが目安です。

そして**持ち手がついたタイプがおすすめ。**掃除の時や移動させる時など便利だからです。これで床置きがなくなりすっきりします。

「種類別」にこそ分かれていませんが、「人別」に分かれているので、家族それぞれに管理してもらえます。

「家族ごとボックス」はカンタンですっきりしますので、家族の私物問題におすすめ。イライラせずに済み、みんながハッピーになります。

法則 14 毎日使うものは動線を意識した定位置に

カバンが家の中で散らかってしまうのはよくありがちな光景です。

解決のためには、**リビングにカバン置き場を作る**ことです。そこが、普段使いしているカバンの定位置になります。

私は、リビングダイニングにある普段使用していない食卓椅子の1つを、バッグ置き場にしています。夫は「家族ごとボックス」の隣が定位置です。それぞれ、**帰宅後に置きやすく、家にいる時中のものを取りやすい動線を意識した位置に設定**しています。

カバンの他に、部屋着も毎日使うものです。そして放置されやすい。ソファーや床に、脱いだ部屋着が無造作に置かれていると、一気に生活感が出てしまいます。

わが家では部屋着を脱衣所のむかいにある収納の中のカゴに入れています。これも家族それぞれのカゴを用意して定置化しています。入浴後、着ていた部屋着は脱衣所の向かいの収納のカゴへ。動線上にあるので、置きっぱなしがありません。

せっかく定位置を作ったのに、ちょい置きがなくならない場合は、動線が悪い可能性があります。**定位置を決める時は、自分や家族の動きを考えるとうまくいきます**。

床置きが減れば、「お掃除ロボットを使えるようにしたい」という目標が達成できるはずです！

法則 15

家族に片づけてもらうには、自分が片づけている姿を見せることから

リビングに関しては、家族のものが散らかっているというお悩みがとても多いです。「家族ごとボックス」でのラクにできる片づけを紹介しましたが、「家族にも片づけてほしい！」と思われるでしょう。

そんな時は、まず**「自分のものはどれくらいあるか？」を振り返りましょう。**「家族のものが散らかっている」とお悩みの方に、自分のものがどれくらいあるかを振り返ってもらうと、**「案外、自分のものが一番多かった…」と驚く方がとても多いです。**

この事実に気づくことが、とても大切です。

もし気づかないでいれば、「片づけて」と言われた家族は「自分だけがたくさんものを持っているわけではない」と思うかもしれません。

第6章

「リビングの片づけ」の法則

第1章でもお伝えしましたが、**まずはあなたが片づけ始めることが重要**です。あなたが片づけてウキウキ、ハッピーになれば、連鎖反応が起こります。片づいた部屋が気持ちいいと思ってもらえれば、ご家族も片づけ始めてくれるものです。

ご家族も片づけのやり方がわからないというパターンもよくあります。いずれにせよ、あなたが自分のものを片づけて、お手本になることが解決につながります。

とはいえ、家族のものが散らかっていることもあるでしょうから、その片づけも紹介します。

法則
16

子どものおもちゃはおもちゃ箱に収まる分だけ

「子どものおもちゃが片づかずあふれかえっています。」

幼児期のお子さんをお持ちの家庭でよくあるのが、箱からあふれかえったおもちゃ。子どもが小さいうちは、特にリビングがおもちゃに占領されがちです。

でも、できるだけすっきりきれいなお家を保ちたいですよね。

まずは、「持っているおもちゃが多すぎないか?」を確認してみましょう。**ちょうどいい数は、お家で決めたおもちゃ箱に余裕を持ってしまえる数**です。

よく遊ぶものはリビングや子供部屋のおもちゃ箱に、あまり使わないものは押し入れに分けてしまうとあふれずに済みます。時々入れ替えてあげると、飽きずに遊んでくれます。

お子さんが小さいと、祖父母が買い与えて増えてしまうこともよくあるでしょう。かわいい孫に喜んでほしい気持ちもわかります。

そういう時は、感謝の気持ちを伝えたうえで、「おもちゃが多いと子どもが片づけられないので…」「狭くて家には置く場所がないので…」ときちんと理由を伝えて、プレゼントは誕生日やクリスマスだけとお願いしてみましょう。

「プレゼントが子どもの好みとは違っていて、結局遊びもせずしまいっぱなし」という話も聞きます。その際は欲しいものをリクエストしてみましょう。お孫さんの喜んだ顔が見られるので、おじいちゃん、おばあちゃんも嬉しいはずです。

つづいておもちゃの収納法です。大体の種類別に**蓋のないボックスにポンポンと収めていきましょう**。開け閉めの動作がないので、**お子さん自身で片づけやすいのがポイント**。

ボックスに種類を書いたラベルを貼るのも忘れずに。

ラクに片づけられれば、片づけの習慣がつきやすくなります。片づけができたらたくさん褒めてあげましょう。

法則17 片づけを面倒がる子どもはペットボトルから

「高校生の子どもがリビングに私物を置きっ放しで片づけません。」

小学生以上になってくると、リビングには食べかけのお菓子、飲みかけのペットボトル、パーカー、など、私物が置きっ放しになりがち。片づけは面倒なようです。

そんな子どもたちには、**ペットボトルから片づけてもらいましょう。**

飲み残しのペットボトルは衛生的にも気になりますし、よく放置されがちなので、少しずつ片づけ始めるにはぴったりだからです。

まずはテーブルや床に無造作に置いてある飲みかけのペットボトルを、キッチンに持って来てもらうことからスタートします。

この時に、ゴミ箱に捨てることは期待しません。もちろんそこまでできるならいいのですが、残念ながらいっぺんにはできないものです。

それができるようになったら、飲みかけの飲み物を流しに捨ててもらいましょう。最後はゴミ箱に捨ててもらって完璧です！

大事なのは、**できたら褒めること**。

小中学生ならまだしも、高校生や大学生、社会人となった子どもを褒めるのは照れ臭いかもしれません。でも大人だって褒められると嬉しいもの。

わが家は、子どもではありませんが、夫がこの方法で、ビールの空き缶をごみ箱まで捨ててくれるようになりました。たくさん褒めたことも効果的だったようです（笑）

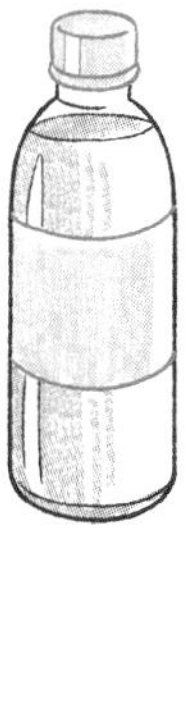

法則 18

パートナーには無理に捨てさせない

「主人のものがとても多い。夫にものを捨ててもらうにはどうしたらいいですか。」

パートナーにものを捨ててほしいとお悩みの方は多いもので、講座では毎回出るほどです。質問者以外の多くの方々も、うんうん、そうそうと頷きます。

でも、逆の立場になって考えてみましょう。**あなたが服や思い出のものを捨てるように言われたらどうでしょうか?** こう聞くと、皆さん、絶対イヤと言います。

なぜ人のものが気になる、捨ててほしいのかというと、自分のものには思い入れがあるけれど、人のものには思い入れがないからなのです。

わが家では、夫が服とCDをたくさん持っていました。

以前、聞いてない古いCDを捨ててほしいと伝えたら、好きなものだったようで捨てたくない様子でした。捨ててほしい私はイライラしそうだったので、**考え方を変え、自分の片づけに集中する**ことに。そのうち夫のものは気にならなくなりました。

そうしているうちにいつの間にか夫はCDを処分してくれていて、とても驚きました。私がものを減らしたことで、家の中が片づいてきて、夫はすっきりした部屋に気持ちいいと感じたのでしょう。自分のものも減らすようになりました。

服に関しても、定期的に着ない服を手放してくれるようになりました。

最初は「捨ててほしい」と思っていましたが、**価値観を押しつけるのは良くない**と気づき、理解するのは大事なことだと感じています。

リビングを片づけてハッピーに

リビングは、片づけをしていると思わぬ嬉しいことに遭遇することがあります。**探し物が奥の方から出てくる**のです。リビングからの確率高しです。場所柄、引き出しなどが多いせいもあるのでしょう。「ここにあったんだ!」という声と共に、「再会」を喜びます。

中には、お金や商品券が出てきたことも少なくありません。私も何度かクライアントのお宅でその場面に遭遇したことがありますが、皆さん一気にテンションが上がります(笑)片づけのご褒美であり醍醐味でもありますね。

家族がくつろぐ、リビングが片づくと、**家族みんなが幸せになること間違いなし**。片づけの法則を活かして、気持ちのいいすっきりしたリビングを目指してみましょう。

第7章

「洗面所の片づけ」の法則

片づいた洗面所が今日のあなたを輝かせる

ここまで玄関、クローゼット、キッチン、リビングと、お家の中の広い場所を片づけるコツをお伝えしてきました。そしてこの辺りで小休止。洗面所の片づけに取り掛かります。

洗面所はメイク、ヘアスタイルを整えたり、身支度を整える場所。いわば**美しくなるところであり、今日1日を輝かせてくれるところ**です。

その場所が散らかっていると気分が上がりませんし、床や洗面台にものがあふれていると、掃除がしにくく不衛生になります。そうなると、掃除をしたくない負のループに入り始めるので、気持ちをラクに取り組みましょう。

さあ、すっきりとした洗面所で、輝く1日をスタートしましょう。

第7章

「洗面所の片づけ」の法則

洗面所の片づけの考え方

洗面所は狭いこともあり、収納が少なく、入りきらなかったものが洗面台を占領したり、床にあふれているお宅も多い場所ですが、逆を言えば、**狭いから片づけやすい**ところでもあるのです。

ものの種類自体も、それほど多岐にわたっていないので、要・不要の選別がしやすく、他の空間に比べればラクに片づけられます。

まずは**洗面所に何があるか考えてみます**。洗剤、化粧品、シャンプー、ヘアケア用品、ドライヤー、シェーバー、衛生用品、タオル、洗濯ネットなど洗濯に関連するもの、アメニティーなど、様々ありますが、比較的洗面所で使いそうなものがまとまっています。

ただ、細々としたものもあるので、うまく工夫しないとごちゃつきます。

洗面所がものであふれてしまうと、身支度がしにくいだけでなく、狭くなって出入りがしにくくなります。そうすると洗濯の時に使いたいものが取り出しにくく、イライラにつながります。

「洗面所の片づけ」の基本法則

洗面所も他の空間同様、**エリアに分けて片づけましょう**。引き出し、鏡裏収納、棚、洗面台下収納、洗面台の上、床置きしているものといった具合に分けられます。洗面所はそれぞれの順番も他と同様、**引き出しなど小さいところから片づけ始めます**。洗面所はそれぞれのエリアが狭いので、組み合わせて片づけてもいいでしょう。

まず床に新聞紙やレジャーシートなどを敷き、1か所ずつ全部出して**要・不要を分けます**。洗面所は不要なものが多く眠っているもの。それらを処分すれば、今まで床に置いていたもの、洗面台に並べられていたものを中へ収めることができます。

化粧品関連などは洗面台の上に出したままの方が使いやすいという方は、その時は**よく使うものだけに厳選しましょう**。あれこれ並べると、掃除がしにくく不衛生になるからです。

法則1 化粧品は使用期限で捨てる

「化粧品、サンプルがどんどん溜まります。」

洗面所の収納から、中に入っているものを全部出してみると、使いかけの化粧品、サンプルなどがたくさん出てくることが多いです。でもいつ買ったか、貰ったか、皆さん「覚えていません」と言います。

化粧品は使用期限があり、記載されているものはそれに従いましょう。**使用期限を過ぎているものは真っ先に処分**します。期限の記載のないものは、諸説ありますが、未開封で3年、開封後は半年と言われています。

引き出しの奥の方から出てくる使いかけの化粧品は、口紅やアイシャドウなど、大抵飽きてもう使わなくなったもの。ほとんどの方が「もう使わない」と言いますので、そういうものは処分します。

最近では、インスタグラムやＹｏｕＴｕｂｅでお気に入りのインフルエンサーが紹介していたり、口コミが良いものをネット通販で購入する機会も増えています。

ただ、肌に直接つけるものなので、合わないこともあるでしょう。

これが散らかる要因の一つにもなっている可能性があります。

できれば試供品で試してから購入する方が、不要なものを増やさないですし、無駄遣いもしなくて済みます。

その他に洗面所からは、顔のシートマスク、個包装の入浴剤などもたくさん出てくるもの。**そのまま戻さず、使うなら今日から使い、不要なら処分します。**

残しておくものはケースへ。手前に入れて早めに使い切りましょう。

法則2 ホテルのアメニティーはもらわない

化粧品の他に、洗面所に溜まりがちなのは、ホテルのアメニティーです。やはり肌に直接つけるものなので、躊躇して結局使わずじまいなことが多いものでもあります。アメニティーは持ち帰ったとしても早めに使う、すぐに使わなかったものは優先的に処分してください。

化粧品だけでなく、中にはホテルから貰ったスリッパが20足くらい出てきたお宅もありました。「旅行に行く時に持って行く」と持っている方もいますが、家族の分だけに減らしたりすると、場所にかなり余裕ができるでしょう。

受講生からは、「ものを手放すようになったら、アメニティーは貰わなくなった」という声を多く聞くようになりました。

片づけの意識が変わるとものを増やさないようになってきます。

法則 3

洗剤ストックは数を決める

「使いかけの洗剤が洗面所にあふれています。」

洗面所収納の中には、衣類用、お掃除用、様々な種類の洗剤があります。

まず衣類洗剤を考えてみましょう。

使用頻度も高く、ストックを常備しているお宅も多いのではないでしょうか。よくあるのが、ストックが収納場所を占領しているパターン。大容量のパッケージを含め、結構な数のストックを持っている場合が多いです。ネットから購入する方はまとめて買うと送料がお得だったり、定期配達のサービスなどでついあふれがちです。

「いずれ使うもの」と思って増やしてしまいがちですが、**ストックは各ご家庭で、1本、**

2本など数を決め、それ以上にならないようにしましょう。

定期的に配達されるサービスを利用をしていて、まだいくつもあるのに届いてしまう場合は、配達間隔を見直すなど収納からあふれない対策をしてください。

次に住宅洗剤です。「いいと聞くとつい…」といろいろな洗剤を試す方も多いですが、1回使ったきりの洗剤が収納場所に眠っています。

衣類洗剤、住宅洗剤どちらにも共通して言えることですが、**香りが好きでない、使い勝手が悪い、など何かしらの理由があると、その商品は使わなくなるもの。**使わないのにもかかわらず、中身が残っていると「まだ入っている」と、残してしまいがちです。でも場所を取るだけですし、結局同じ用途の別の商品を買うので、使用しないものは処分しましょう。

以前の私もあれこれ試して増やしていましたが、今はマルチクリーナー1本だけにしました。場所もとられないですし、無駄に増やさないので節約にもなりました。

法則4　分類ごとにケースにひとまとめで取り出しやすい収納に

「使いたいものがすぐに出てこなくてイライラ。」

まず、不要なものを処分することでほとんど解決するお悩みです。それだけ洗面所は不要なものがたくさんある場所なのです。

では、さらにステップアップして、取り出しやすく戻しやすい収納についてお伝えします。

洗剤の収納は、**「いつも使う」「ストック」「たまに使う」のように使用頻度で分けます。**ケースなどにまとめ、いつも使う洗剤は手前に。たまに使うものやストックは奥に入れます。使用頻度で分けておけば、使う時サッと取り出せるようになります。

洗濯の時に使う洗濯ネットなどは、洗濯機近くに収納するとストレスなく取り出せます。使う場所の近くに置くと使いやすくなります。

その他、シートマスク、入浴剤、アメニティ、ストックの歯ブラシなど細々したものは、まとめて共用のケースに入れます。化粧品もケースなどに入れ、いつも使うものを手前に、たまに使うものやストックは奥へ入れます。
ブラシやヘアオイル、ヘアスプレーなどは、ヘアケア用品としてひとまとめにし、ケースに入れてグループセットに。

家族別にまとめてもいいでしょう。わが家ではシェーバー関連は夫のものとしてケースにひとまとめにしています。その人だけが使うものがあれば、ひとまとめにしておくと使いやすくなります。

それぞれのケースを棚に収納する場合は、高さも意識しましょう。よく使うものを中段に、その次に使うものは下段、あまり使わないものは上段へ入れます。

不要なものを処分して収納すれば、取り出しやすく、掃除もしやすく、管理しやすく、なにより気持ちがいいものです。

法則 5

タオルは賞味期限と枚数を決めて入れ替え

「タオルがたくさんあるのに、すり減っても使っています。交換の時期がわかりません。」

タオルは頂き物もあり、たくさん持っている方が多く、特にバスタオルはサイズも大きくかさばりがち。さらに、タオルの捨て時がわからないと質問をいただくことも多いです。ゴワゴワになっても使えないわけではないからですね。

タオルを片づけるにはまず、**家族で必要な枚数を決めましょう**。そして、新しいものと古いものをどんどん入れ替えて使いましょう。

入れ替えの時期については、2パターンあります。

1つ目はタオルの賞味期限という考え方。「ゴワゴワになった」「生地が薄くなった」「吸水力が悪くなった」のうち、どれか1つでも当てはまったら賞味期限。入れ替えのタイミングです。

２つ目は、新しくタオルをいただいた時。

皆さんのお宅では未使用のタオルが眠っていませんか？

片づけサポートに伺ったお宅でよく見かけるのは、頂き物の長期間保管していたタオル。箱の中に入っているようなタオルは、しまいこみがちです。

長期間保存していたものを実際に出してみると、黄ばんでいたりしみがついていたりすることに気づきます。「使っていないのに！」と驚かれますが、残念ながら使用していなくても長期保管しているとよくあることなのです。

もったいないことですので、**未使用のタオルはどんどんおろして使いましょう**。フワフワで気持ち良く気分も上がります。


わが家では頂き物のタオルはすでに使い切っているので、ない場合はお気に入りを新調します。その際、色・柄を統一すると、すっきりおしゃれに見えます。家族で分ける場合は、近い色・柄で合わせるのがおすすめ。ただ、お子さんの好きなキャラクターなどあると思いますので、そこは尊重してＯＫです。

使い古したタオルは掃除で使い切って処分するのがベストです。余らせて寝かせているお宅もありますが、掃除の時に贅沢に使い切りましょう。

さて、タオルが入れ替えられたらタオルを収納していきましょう。

タオルを引き出しやタンスへしまう場合は立てて入れます。積み重ねて入れると、上の方のタオルばかりを使うようになります。

さらに輪の部分を上にして入れると、すっきり見えて取り出しやすくなります。

ただ、オープン棚など、立てて入れられない場合もあるでしょう。

その時は洗面所に置くタオルの数をきれいに重ねて置ける分だけに減らし、他のタオルは押し入れやクローゼットにしまっておきます。洗面所のタオルはローテーションよく回して使いましょう。

しまう場所は、**ご自身の動線に合わせて考えてみてください**。洗面所は収納が少ないことも多いので、使用頻度の高いものから優先的に、手の届きやすい部分に置いていくのがおすすめです。

3人家族のわが家は、ハンドタオル6枚（手洗い／洗顔後用）、フェイスタオル3枚（髪を拭く用）、バスタオル3枚です。少なめですが、毎日お洗濯をし、室内干しでサーキュレーターを使って乾かしているので問題ありません。

その他、押し入れには、予備のバスタオルが3枚、夏に使うタオルが各自2枚ずつあり、洗面所で使わないものは別の場所に収納しています。分けておくと場所を取らず使いやすくなります。

生活のスタイルによって、毎日お洗濯ができなかったり、スポーツをされていてタオルがたくさん必要な場合もあると思います。

大切なのは自分や家族が必要な最低限の数を用意すること。枚数が多い場合には、別の場所に分けておき、洗面所があふれないように気をつけましょう。

すっきり衛生的、気持ちのいい空間の洗面所で身支度を整えれば、きっといい1日になるはずです！

第8章

「趣味のもの片づけ」の法則

「捨てられない」から「増えていく」

趣味のものは「好き」なものですから、思い入れが強く処分しにくいもの。

新しいものを仕入れるスピードも速いので、家の広範囲を占領している方も多いのではないでしょうか。

趣味のものは、細々したものから大きなものまで多岐にわたります。

手芸や絵画などでは、材料や道具が散らかりがち。さらに、制作した作品が捨てられないこともあると思います。キャンプなど、大きな道具があると、1部屋がそれでいっぱいになっているお宅もあるでしょう。

特に多趣味の方は、捨てられないうえに、様々な趣味のものがどんどん上乗せされ増え続けていってしまうものです。

第8章

「趣味のものの片づけ」の法則

この章では、そんな趣味のものをすっきり片づけるコツをお伝えしていきます。趣味も楽しみながら、部屋もすっきりすれば、もっとワクワクしながら過ごせるはずです。

「趣味のもの」の基本法則

趣味のものは、**他のものを片づけ終えた最後に取り掛かりましょう**。

趣味があるからこそ毎日頑張れるわけですから、無理して全部捨てたりすると寂しい気持ちになってしまいます。

最初に手をつけるのは、**「今はもうやっていない趣味」の道具から**です。

言い換えると、**「今やっている趣味のもの」は手放さなくてOK**。今のあなたには必要なものだからです。

さて、私の講座でも受講生に「以前の趣味や習い事で、今はやっていない、もしくは趣味が変わったけど残している道具、材料がある方はいますか?」とお聞きすると、多くの方が手を挙げます。それだけ、以前の趣味であっても捨てにくいのがわかります。

その方々に、「今後またやる予定はありますか?」とお聞きすると、「やりたいという思いはある」「もうやらない」「趣味が変わった」と、答えは様々です。でも、「捨てられない」という思いは共通しています。

一方で、「今はもうやっていない趣味」のものは、しばらく手をつけていないのでほこりをかぶったり、傷んだりしている場合が多いのです。

そういうものが収納の一角を占領している、いい加減片づけなきゃと思っている方は、そこから手をつけ始めてみましょう。

考え方としては、**「またやる可能性がある」なら残しておき、「もうやらない」「趣味が変わった」という場合は手放すのが基本**です。

それでも、どうしても捨てられないものもあると思います。

その時は、**今持っている数から減らすように厳選をしましょう。**段ボール箱1箱分あれば、紙袋1つに減らすなどです。

全部は捨てなくていいと考えれば、手をつけやすくなるのではないでしょうか。

趣味のものの基本法則で大事なのは、**「今後やるかどうかで手放すか決める」「厳選して残す」**この2点です。

法則1 捨てる理由をはっきりさせる

さて、基本法則でお伝えしたとおり、改めて考えた時に**「もうやらない」趣味のものは手放す優先度が高い**です。

あなたのお家では日の目を見ることもありませんし、使われずに傷んでいくだけです。部屋の場所も取るので思い切って手放しましょう。

過去の趣味のものは、捨てる理由がはっきりすると手放すきっかけになります。

以前、生け花を習っていた受講生は、お子さんが生まれて、ものが増えたことをきっかけに生け花の道具を手放しました。

「今後もっと子どものものが増えるので、全部手放します」ときっぱり。

このように、**今後のことを見据えて考えられると、手放す気持ちになるようです。**

「やらないとは思ったけれど、いざ処分するとなるとやっぱり迷う」こともあります。その場合は残しても構いません。

ただし、**かなりの厳選をするルール**にしておきましょう。

もう使わない可能性が高いので、先に残しておく分量を小さなケース１個分、などと決めておき、「なぜそれを残すのか？」「他のものを差し置いてまで残しておきたいか？」を考えてみてください。

自分に聞いてみると、案外、やっぱりいらないなと思い直して手放せるものです。

法則2

「手放しにくい」と感じたら譲る／リサイクル

「もうやらない趣味だけれど、高かったし、まだきれいだから捨てられない。」

そういう場合は、**同じ趣味を持っている方に譲る**のも一つの手です。受講生でも、手芸を趣味にしていた方で「欲しい人がいたので材料を譲った」と聞きましたし、反対に「以前、同じ趣味の方からビーズをたくさん譲り受けた」という方もいます。

貰う方も、譲る自分もどちらも嬉しいもの。気持ちのうえでも手放しやすくなります。

私も同じような経験があります。その際、**「不要になったら気兼ねなく処分してください」と一言添えることで、捨てるハードルが下がるように心掛けて**います。

また、日本舞踊を習っている方に着物を譲って喜んでもらえたという方もいます。

着物は今や売ろうとすれば、買った当時とはかけ離れた金額になると多くの方が言います。それなら、喜んでくれる人に差し上げたい気持ちもよくわかります。

ただ、「貰ってくれる人を探すのが大変」という声も聞きます。
その時は、**割り切って手放しましょう。**

もちろん売るのも選択肢の一つ。私は以前ゴルフバッグをリサイクルショップに持ち込んだことがあります。数回練習して早々とやめたので（笑）状態は良かったのですが買い取り価格は買った時の1割程度。今思えば、レンタルや教室で借りて始めればよかったのです。「よく考えて買う」という、当然のことですが学びになりました。

法則3 「またやる可能性のある趣味」は、傷んだものから捨てて厳選する

「またやるかも、と思うともったいなくて捨てられません。」

さて、ここまでは「今後やることのない趣味」についてお話ししてきましたが、ここからは「またやる可能性のある趣味」についてお話しします。

第8章
「趣味のものの片づけ」の法則

まず、過去にやっていた時に持っていたもので、**しまっておくうちに傷んでしまったのがないか確認してみましょう。**

色あせた布や古いテニスラケットなど、再開したとしても使えないものは優先的に処分しましょう。

次に、**数種類持っていたものを厳選します。**例えばお菓子作りのケーキの型。サイズや用途があり、結構かさばります。特にお気に入りを2つに絞ってはいかがでしょうか。

「今はやっていませんが、またやりたくなった時に、一から買い揃えるのは大変…」という声も聞きますが、やりたくなった時にまた同じように本格的に続けるかはわかりませんよね。

また、**機能的に新しいものが出ていたりして、結局新しいものを買うこともよくあります。**だからこそ、全部手放すのではなく厳選して残しましょう。

ここまですると、ほとんどの趣味で再開できる最低限かつ、気に入っているものだけが残るので、コンパクトになるはずです。

法則4 材料が必要な趣味は厳選が肝

「たくさん家に材料があるのにどんどん買ってしまい、使い切れずに溜まっていく一方です。」

それでもコンパクトにならない趣味が、**材料が必要な趣味**です。

「一生かかっても使いきれない量がある」なんて話もよく聞きます。このお悩みは今やっている趣味でも考え方は一緒です。

代表格でもある手芸を例に挙げて具体的にお話しします。

一口に手芸と言っても、編み物、刺繍、パッチワーク、アクセサリー、バッグ…といろいろな種類があり、手芸が趣味の方は、1種類だけではなく数種類やっている方も多いようです。それぞれ道具も異なれば、材料も違うので、非常にものが増えやすいのは言うまでもありません。

自分の趣味で、似たような状況が思い当たるな、という方は、ぜひ**一度持っているものを全部出して、何をどれくらい持っているかを確認してみましょう。**

「段ボール3箱分手芸の材料がある」という方も少なくありません。

手芸の場合は、「編み物はまたやりそうだけど、パッチワークはもうやらない」など、今後やりそう、もうやらなさそうというのがあるようです。そういう場合は、再開しそうな手芸の材料のみを残せば、ものがグッと減るはずです。

それでも多すぎる場合は段ボール箱3箱分を1箱に減らすなど、**選んで残しましょう。**

法則 5

限定感の強いものは「手放していいかも」と思えてから考える

他にも、今後使うことはないけれど、捨てにくいものがあります。

代表的なのが「旅行のお土産」と「推しのグッズ」。もの自体は全く別ですが、どちらも**「限定感が強い」**という共通点があります。

限定感の強いものは、もう使わないとしても、**自分自身が「手放してもいいかも」と思うまで手放さなくてＯＫ**です。

「友だちからもらった、旅行のお土産が捨てられません」

頂き物はそもそも捨てにくいうえ、お土産となると、「他には売っていない」「旅先で自分のために選んでくれた」という限定感と特別感がプラスされます。

ですから、「小さな置物」「キーホルダー」など、それほど高価なものでなくても、手放しにくいのです。

人から貰う場合だけでなく、旅先で自分に買うものもあるでしょう。

旅先で買った服、特に海外旅行で買った服は捨てられない傾向にあります。

私自身もグアムで買ったリゾートワンピースとイギリスで買ったケープが処分できませんでした。

着てみようか?やっぱり着こなしが難しい…着ないなら捨てようか?を何度も繰り返し……。「海外旅行で買った」と限定感が強く手放せなかったのです。

ある時、幾度となく迷うその時間が無駄だと気づき、ようやく手放すことができました。

このように、**片づけに慣れてくると、今まで手放せなかったものがふと手放せるようになる**ことがあります。だからこそ、思い入れのあるものは最後ですし、「捨ててもいいかも」と思えてから捨てることが重要です。

ワンピースとケープ、手放してみると後悔はないものです。

それは、思い出も大切ですが、これからの人生のほうがワクワク楽しみに感じているからなのだと思います。

「推しのグッズが捨てられません。」

うちの娘も推しのグッズを集めていますが、抽選や限定などで、手に入りにくいものもあるようです。朝早くからグッズの列に並んだり、イベントに持って行ったりで、思い入れも一層強いですよね。

ただ、推しは変わることがあります。誰にでもあること。困るのは興味が薄れても、限定のグッズなどはなかなか捨てられず、結果どんどん増えてしまうことです。

推しが変わったら、前の推しのグッズは手放すことを考えましょう。箱に入れて保管しておく方もよくいますが、結局もう一度出すことはないことがほとんどのようです。

推しグッズは、部屋に飾るとテンションが上がりますよね。でも、**せっかく大好きなものでも、ごちゃごちゃしていると魅力が半減**してしまいます。

素敵に飾って自分がハッピーになるためにも、前の推しのグッズはできるだけ処分することを考えましょう。

手放すのには、中古のグッズショップに持って行くのもおすすめです。特に限定のグッズなどは、過去買えなかったけれど欲しい人がいたりするので、中古でも比較的良いお値段で引き取ってもらえることもあるようです。

なにより、次に手に取ってくれたファンの方が、喜んでくれる可能性大です。

娘も、推しが変わり新たな推しグッズが増えたことで、やっと前の推しグッズは手放す気持ちになったようです。推しが変わってからは数年経っていますが、それでいいのです。**自分が「手放してもいいかな」と思える時を待ちましょう。**

手放したことで、大好きな推しがさらに輝いて見えて、とてもハッピーのようです。

法則6

処分しづらいものは前向きに手放す気になってから

「ぬいぐるみが処分しづらくて困っています。」

前の項目の推しにも関連しますが、趣味に限らず、ぬいぐるみや人形は手放しにくいもの。受講生からも処分の仕方の相談が多いです。

顔があるものですし、長く持っていたものなら、なおさら愛着があるでしょう。**こちらも無理はせず、自分の気持ちが「手放してOK」になってから取り掛かりましょう。**

ぬいぐるみや人形と一口に言っても、長年大事にしてきたぬいぐるみや人形もあれば、ゲームで取ったなどそこまで思い入れがないものもあるのではないでしょうか?

その場合は愛着あるものを残し、他は手放すというように選んで残しましょう。

手放す際は、紙袋に入れるなど顔が見えないようにして、「今までありがとう」と言って手放します。

もし、どうしても気になる場合は、お焚き上げをお願いするのも選択肢の一つです。宅配便で送れるところもあります。中には娘さんの飾らなくなったお雛様をお焚き上げされた受講生もいます。手放す際、娘さんに相談すると、大抵どのご家庭も「いいよ」と返事がくるようです。

繰り返しになりますが、ぬいぐるみや人形などは捨てにくいもの。自分の気持ちが「手放してOK」になった時で大丈夫です。

法則7 「価格の高さ」と「思い入れ」があるけれど、「場所を取る」ものは処分を検討する

「高かった趣味の道具が捨てられません。」

「高かったから手放せない！」というのは、クローゼットの章でも取り上げたとおり、よ

くある感情です。さらに趣味のものの場合は、そこに思い入れも入ってくるので、もっと手放しづらいでしょう。

よく聞くのは、キャンプ用品。**キャンプ用品は高価なものなので「少しずつ買い揃えた」という方も多く、その思い入れも上乗せされるので処分しにくい**です。

それであれば、処分しないでOKとお伝えしたいところなのですが、一つひとつが大きいので場所を取り、困っている方も多いようです。

わが家でも、夫が少しずつ買い足し一式揃えたキャンプ用品がありました。娘が生まれてからは行かなくなったので、私は手放すことを提案しましたが、自ら買い揃えた夫は手放したくないようでした。

ここで目安にしたいのが、**1年間の間に何回キャンプに行っているか**。もちろん、今、家族で楽しんでいるのなら、場所は取りますが趣味を楽しむためのスペースを確保するようにします。

捨てることも検討したいのは、年に1回しか行かない、もしくはもう数年行っていない方です。

キャンプ用品は本当に場所を取ります。テント、タープ、寝袋、キャンプマット、バーベキュー用品、まだまだあり、どれもコンパクトに設計されているとはいえ、一つひとつがそれなりの大きさですので、集まればかなりの場所を取ります。

私と夫が前に住んでいたマンションでは、物置部屋として使っていた部屋に置いたり、納戸に入れたり、天袋に押し込んだり、いろいろな場所に置かざるをえず、それはそれは場所を取っていました。

受講生の中にもキャンプ用品が場所を取って困っている方がいらっしゃいました。わが家のように1か所では収まりきらず、マンションのいろいろな部屋や収納に置いてあるようです。

使用していないものを、家の様々なところを圧迫するほど置いているのは、場所の無駄遣い。場所は貴重ですから、1年に1回程度の使用頻度であれば、処分を検討しましょう。

貸し出し設備が整っているキャンプ場を活用するのもひとつです。

ちなみに、わが家では一度キャンプ場のコテージに泊まってみたら、テントの設営もなくお手軽で、「これから機会があったら、キャンプではなくコテージがいいね」と夫も納得し、キャンプ用品は手放すことになりました。

処分する時も、久しぶりに中を開けてみると傷んでいるものも結構ありました。寝袋などは災害用にいくつか取っておくこともありましたが、野外で使用したものなので傷みや汚れもあり、最終的には全部処分しました。災害用に残す方も多いのでぜひ一度中をチェックするとともに、厳選して残すことをおすすめします。

余談ですが、コテージですら結局行ったのは一度きりでしたので、わが家にとって手放して正解でした。

不要なものが占領していた場所が空くと、様々な使い方ができ、これからの生活を充実させることもできます。

わが家の場合、以前は全く備蓄していなかった非常用品を改め、災害時の備蓄を充実させました。「マンションだから置き場所がない」なんて思っていましたが、実際は使っていないキャンプ用品などに占領されていただけだと気づきました。


「物置部屋として使っている洋室を子供部屋にしたい」

「もので埋もれた和室を客間として使いたい」

そんな願いがあるのであれば、使っていないアウトドア用品を処分してみませんか？

処分ができれば、占領していた場所の有効活用ができます。空いた空間は子供部屋に、客間に、またご主人の書斎スペースにすることもできるようになるはずです。

そんなワクワクすることを思い描いて、取り組んでみましょう。

法則 8
「思い入れがとても強く」「価格も高い」ものは手放さなくてもOK。ただし、いつでも使えるようにしておく

「娘が習っていたピアノが捨てられません。」

さて、キャンプ用品を例に挙げて、高価で思い入れもあるけれど、場所を取るものを手放す話をしてきましたが、同じようなもので、ご相談をいただくものがあります。

それは「ピアノ」。それに限らず、楽器はなんの種類であろうと思い入れが強いものでしょう。学生時代吹奏楽部で、数年間青春をかけてやっていた方では思い入れがまた違い、宝物のように感じている方も多いと思います。

その際は、無理に手放さなくても大丈夫です。

片づけは、大事なものは残し、不要なものを手放すというメリハリが大事です。

一方で、手放せた例もご紹介します。

これも私の例ですが、フルートを手放しました。始めて間もなく顎関節症になり続けられなくなってしまったのです。

フルートはそれほど場所も取らないので家に置いていましたが、片づけをするたびにその存在が気になっていたので、思い切って楽器を扱う中古品店へ持ち込むことに。

10万円くらいの購入品を1万円で引き取ってもらいました。

また誰かが奏でてくれるようになり、フルートも喜んでいるはず。

「クローゼットの奥に眠らせておくより、ものは使われて輝く」と感じています。

さて、本題のピアノについてです。ピアノは使っていなくても、手放すことは考えていないお宅がほとんど。高価なものですし、思い入れが強いからでしょう。

一方で、ピアノや椅子がもの置き場になっていることがよくあります。ぬいぐるみや置物ならまだしも、雑誌や本、洗濯物置き場になっているなんてお宅も…。

もしまだ使うようなら、物置き場にせず、すぐ弾ける状態にしておきましょう。

ある受講生から、「ものを置くのをやめたら、久しぶりに弾くようになったんですよ」と弾んだ声で連絡をいただきました。

人だけでなくピアノも喜んでいますね。

使わないなら手放すことも選択肢の一つです。

手放した方の体験談もお伝えしておきます。シニア世代の受講生の方で、娘さんがピアノを習っていらっしゃいました。

でもその娘さんはお嫁に行って10年以上。家の整理をしていくうちに、手放すことを決意したそうです。

ピアノは買取の専門業者もいますから、電話で品番を伝えた程度でだいたいの買取価格を教えてくれ、想像以上にカンタンだったようです。娘さんの許可も事前に貰っていたので、早速買取業者に来てもらったんだとか。

こちらの受講生も、**捨てやすいものから始めて、慣れてきてからピアノに取り掛かりました。**大物と言えるものを手放したことで、すっきりした以上に、その表情からは、自信が感じられました。

法則 9

写真はとりあえず自分のものから、アバウトに

最後に、思い入れの強いものの代表として、写真の片づけについてお伝えします。趣味と関連して、思い出をたくさん取ってある人も多いのではないでしょうか。

写真は、最後の最後に取り掛かります。捨てて後悔しないためにも、捨てグセが身につき、捨て上手さんになってからにしましょう。

最近は紙で残すことは減りましたが、まだまだ手元にたくさんある方も多いのではないでしょうか。スキャンする方法などありますが、ここでは紙の写真を手放す手順についてお伝えします。

一つ大事なポイントは、**自分の写真から取り掛かる**こと。自分の写真は、自分しか必要なものが判断できないため、先に整理しておいたほうがいいのです。

写真整理は難しいので、まず第一歩をスタートさせることが大切。
手放しやすい写真は何かを考えましょう。

私の場合は、30年以上前の会社員時代の写真に取り掛かりました。勤務した会社ごとに記念に5枚ほど残し、あとは手放しました。

それ以外だと、幼少期と学生時代の写真がアルバムで1冊ずつ、フリーアナウンサー時代のものが2冊あります。これは整理されてまとまっていますし、自分の思い入れ的にもこのままでよしとしています。

まだまだ、整理しなければいけない写真が、アルバムごとに結婚披露宴と新婚旅行、海外旅行、家族旅行、子どもの写真、と山ほどあります。

ですが、**まず一歩を踏み出したことで、この後も「できる！」と自信につながりました。**

今後自分の写真については、各時代5枚ずつに厳選して残すことが目標です。たくさん残されたら、いずれ娘が困るので早めに取り掛かりたいと思います。

さて、段ボール箱に写真がドサッと入っている状態で、途方に暮れている方もいるのではないでしょうか。いろいろな時代のものが一緒になっていれば、どうしていいかわからなくなるもの。こちらもまず一歩踏み出すところから始めましょう。

分け方にもコツがあります。幼少期、学生時代、社会人、結婚式、子どもの写真などで**大まかにわけ、大体いつ頃か書いて、袋やケース、なんでもいいので分けて入れておく**のです。これだけでもいつか本格的に整理する時に取り掛かりやすくなります。

先ほども書きましたが、私の幼少期のアルバムは1冊のみ。以前はちょっと少なめ？と感じましたが、見返すこともないので、1冊でちょうど良かったと感じます。

では、続いてお子さんの写真について。わが家もそうですが、子どもの写真はどうしても多くなります。

子どもの写真を整理するには、アバウトに分けることがポイント。

例えば、0歳と3歳の写真が一緒になっていても幼少期でひとまとめ、小学1年と6年が一緒になっていても小学生でひとまとめといった感じです。

私は以前厳密に分けようとして、失敗したことがあります。アルバムに貼る際、「生後5カ月と6カ月が逆になった」なんてことをやっていたら、嫌になり投げ出しました。**そんなことでつまずいてストップするくらいなら、アバウトでもいいので進めたほうがいい**わけです。それからは6カ月も1歳も一緒になってもいいくらいに貼るようにしたら肩の荷が下り整理が進みました。

だいたいの年齢に分けたら、アルバムに貼らないまでも、それぞれ袋に入れておくなどしておきましょう。いつか本格的に整理する時にすぐ取り掛かれます。

既にアルバムに貼られている写真を整理する場合は、**同じような写真を手放すことから始めて厳選します**。あくまで無理のない範囲で進めましょう。

要は、まず第一歩を踏み出すことが大事です。

気になる方は次に整理する時にもう少し細かく分けてもいいですし、もちろんそのままでもいいと思います。

「そんなことを言われてもどれも思い出だし、子どもが大きくなった時のために取っておきたい」という方のために、以前私も聞いてちょっと驚いた話を紹介しておきます。

その方は、娘さんの結婚の際、写真整理をして1冊にまとめたアルバムをプレゼントしたそうです。素敵な話だと聞いていたら、娘さんから「実家に置いておいて」と送り返されたそうです。

新婚生活でものが増えるので仕方ないことだったのかなと思いますし、先ほどの私の例を振り返っても、本人は幼少期の写真を見返すことは少ないのでしょう。

そう考えると、私自身、娘の写真を厳選しておくことが大事だと思います。

「写真は結局自分が見て楽しむもの」

とある子育て世代の受講生の方が、おっしゃっていました。まさしく…と思いました。考えてみると、私が1人で行った海外旅行、結婚式の写真などは、娘に残されても困るだけなのは想像がつきます。

よく遺品整理をされた方から、親御さんが残した何冊ものアルバムは、「申し訳ないけれどあまり見ることなく処分した」という話も聞きます。遺品整理そのものが大変なことなので致し方がないことだと思います。その話を聞くとより「写真は結局自分が見て楽しむもの」という言葉に納得できるのではないでしょうか。

写真を整理すると、「心も整理された」とおっしゃる方がよくいらっしゃいます。ご紹介した「写真は最後の最後に」「自分自身の写真から」「アバウトに行う」法則でまずはやってみてください。無理せずまず第一歩を踏み出すことが、成功への近道です。

さて、思い入れのある「趣味のものの片づけ」まで取り組んだあなたはすでにワクワクうきうき片づけ、そんな自分が好きになっているのではないでしょうか。

これからも「自分を好きになる片づけの法則」でハッピーに。

おわりに

この度は、たくさんある本の中からお手に取っていただき、そしてお読みくださいましてありがとうございました。皆様とのご縁に心から感謝申し上げます。

「早速始めてみたい！」

そう思っていただけたなら幸いです。


私自身50代ということもあり、これまで、講座の受講生は同じ世代以上の方が多かったのですが、コロナ禍でのオンラインの普及、おうち時間が増えたのをきっかけに30代～40代の受講生も増え、様々な世代の方が受講して下さるようになりました。


「片づけられたら自信が持てるようになった」

「自分が好きになった」

「人生が変わるきっかけになった」

と、年代を問わず多くの受講生が、このようにおっしゃって下さることが何より嬉しいです。お一人おひとりの笑顔が思い浮かびます。

そんな受講生の皆様がいらしたからこそ、この度、「自分を好きになる片づけの法則」という1冊の本ができました。本当にありがとうございました。

受講生から言っていただく私のイメージは、「ハッピーオーラ満載」なんだそうです。とてもありがたく思うと同時に、これも片づけの賜物だと感じています。

私自身、今となっては片づけが苦手だったことがよかった、面倒くさがりで良かったと思います。そんな私だからラクにできる片づけをお伝えできるからです。

わが家の話ですが、娘が大学生となり、親元を離れて暮らし始めました。小さい頃は家全体が片づいていないこともあり娘も散らかしっぱなしでしたが、家が整うことで家族にもいい影響がありました。今、娘のクローゼットはお気に入りの服を最小限、部屋には推しのものを飾って、メリハリのある生活を楽しんでいます。

どうぞ、完璧を求めるのではなく心地いい暮らしを目指していただければと思います。

そして、片づけることでどんどん自分を好きに、ハッピーになっていただければ幸いです。

皆様のこれからの人生が、さらに輝きを増しますことを心からお祈り申し上げます。

阿部静子（あべ・しずこ）
整理収納アドバイザー・フリーアナウンサー

宮城県仙台市生まれ・在住。夫と大学生の娘の３人家族。旅行会社での添乗員、航空会社地上職を経て、フリーアナウンサーに。28 歳の時ミヤギテレビ「OH!バンデス」初代リポーターになり、結婚・出産を経験しながら 16 年間務めた。49 歳の時、体調不良によって休養。その時に整理収納アドバイザーの資格を取得。その後「片づけの先にあるハッピーを多くの方に伝えたい」「もともと片づけが苦手な自分だから伝えられることがある」と整理収納アドバイザーとして講演・講座を中心に活動を開始する。

「すぐ片づけたくなる」「ラクにできる」「ハッピーになれる」片づけメソッドは講座で大人気。7,000 人以上の指導を行う。整理収納アドバイザー２級認定講師。2019・2021・2022 年度優秀講師として表彰される。整理収納コンペティション2019プロ部門ファイナリスト、片づけ大賞2019プロ部門ファイナリスト。

著書に『ハンカチは５枚あればいい』(すばる舎)、『だから、50 歳から片づける―「思い出のもの」は捨てなくていい』(CCC メディアハウス）がある。

ブログ「部屋にも自分にも自信が持てる！整理・収納術」

URL:https://ameblo.jp/shizuko-happylife/

企画協力・NPO 法人 企画のたまご屋さん

自分《じぶん》を好《す》きになる　片《かた》づけの法則《ほうそく》

2023 年12月18日　　初版発行

著者　阿部静子
発行者　和田智明
発行所　株式会社 ぱる出版

〒160-0011　東京都新宿区若葉１-９-16
03(3353)2835―代表
03(3353)2826―FAX
印刷・製本　中央精版印刷(株)
本書籍に関するお問い合わせ、ご連絡は下記にて承ります。
https://www.pal-pub.jp/contact/

ISBN978-4-8272-1426-0　C0034